来自德国的问候
预祝您拥有一个美好假期!

亲爱的读者:

或许您会问自己,为何您买了一本德国而非本国制作的旅行指南?但请放心,您已经为此做出了一个正确而又明智的选择。

在2012年中国取得全球旅行冠军之前,该头衔一直被德国保持。对于德国这样一个"小国家"来说,这是令人惊叹的!原因可能是,自1950年开始,旅行的梦想对于广大的德国人来说开始变得更为现实。因此,梅尔杜蒙在与北京出版集团的合作中茁壮成长。

"梅尔杜蒙"的故事是一个了不起的故事,从充满冒险的旅程到成为家族的旅行事业,直至今天已传承三代,现由创始人的孙女继续领航这一成功之旅。如今的"梅尔杜蒙"已是欧洲旅游产品领域遥遥领先的品牌。

手握这样一本旅行指南,您可以高枕无忧。请您相信,无论您要去的是世界的哪个地方,梅尔杜蒙近百年的专业经验以及适合中国旅行者的本土化信息,都可以帮您更精确地了解旅行目的地。

请您开始一段全新的奇遇之旅吧!

这本书会是一个随时陪伴您的伙伴,预祝您有一段充满新的发现和希望的完美旅程!

中国作者
朱晓君

一个非典型"90"后,18岁开始独自旅行,至今走过14个国家。她在泰国学做泰式料理,在马来西亚考取持枪证,深入日本探索舌尖上的奥秘。她在菲律宾考取潜水证,对这个国家有着自己的感受。菲律宾的人、事和弥漫在空气中的热带气息都令她深深着迷,而潜水时所看到的海洋世界更给予了她奇妙的体验。

德国作者
黑雅·穆勒

在2002年移居菲律宾之前,黑雅·穆勒(Heya Muller)是一家德国日报社的编辑。在那之后,她作为自由撰稿人给德语书刊供稿。她曾为"世界记者"网站担任通讯联络员,因工作需要她周游并深入考察过群岛国家菲律宾。自2013年年末,黑雅·穆勒迁居北京。在书中,她将和读者分享在菲律宾的旅行经验和独家推荐。

梅尔杜蒙的故事

希尔德(Hilde)和库尔特·梅尔(Kurt Mair)是为旅行而生的。早在20世纪20年代第一次世界大战刚刚结束时,他们就驾驶着汽车或者摩托车穿梭在欧洲大陆上。漏气的轮胎、过热的冷却机、失灵的刹车,这些都无法阻挡他们前进的步伐。那时有很多我们今日无法想象的场景,甚至没有一张地图!即使是这样,连撒哈拉大沙漠也无法阻挡梅尔夫妇的冒险之旅。同样他们也会做测绘之旅,这些被探测的路况信息会被精确地整理和保存。第二次世界大战结束后,1948年,库尔特·梅尔成立了公司,路书和地图册是他们的主营产品。库尔特·梅尔离世后,他时年26岁的儿子福尔克马尔(Volkmar)继承并领导这个企业,为今天的梅尔杜蒙集团打下了基石,使集团成为一个全球性的媒体集团,其在全球拥有办事处,有员工380名,年销售额约1亿欧元。

今日的梅尔杜蒙集团不仅仅提供地图,旅行指南、旅行画册、旅行冒险和电子产品构成了集团丰富的产品组合。在中国,梅尔杜蒙与北京出版集团于2014年成立了合资公司,开始服务于中国旅行者日益增长的需求。

菲律宾

8 欢迎来到菲律宾
14 当地锦囊
16 体验菲律宾
   16 ● 免费畅游
   17 ● 本色菲律宾
   18 ● 天热好去处
   19 ● 休闲之所
20 潮流之选
22 菲律宾面孔
28 美食
32 购物
34 马尼拉及其周边
   35 马尼拉
46 吕宋
   46 碧瑶
   49 巴拿威
   50 比科尔
   51 萨加达
   52 维甘

54 民都洛
   54 海豚湾
   57 沙班
60 米沙鄢群岛
   61 薄荷岛与邦劳岛
   66 长滩岛

   71 宿务市与麦克坦岛
   77 内格罗斯岛
   83 锡基霍尔

图标		酒店价格（不含早餐的双人房）		餐厅价格（不含酒水的正餐）	
当地锦囊	当地锦囊	￥￥￥	人民币700元以上	￥￥￥	人民币70元以上
★	必游景点	￥￥	人民币400~700元	￥￥	人民币40~70元
●●●●	体验菲律宾	￥	人民币400元以下	￥	人民币40元以下
☼	远眺点				
☘	适合环保、生态旅游				

目录

84 巴拉望岛
　86 布桑加岛
　88 爱妮岛和柏库德群岛
　90 普林塞萨港

96 棉兰老岛
　97 卡加延德奥罗
　99 达沃
102 独特体验之旅
　102 菲律宾最美之旅
　107 皮纳图博火山之旅
　109 热温泉与冷水浴
　111 米沙鄢跳岛游

114 户外活动
118 带着孩子旅行
120 每月节庆与活动
122 旅行随时查
124 实用信息
128 教你当地话
132 索引
136 禁忌事项

信息检索
历史事件表→P.10
特色美食→P.30
何塞·黎刹→P.38
岌岌可危的世界遗产→P.52
芝扬民族→P.58
菲律宾稀有动物→P.64
书籍/电影→P.70
制糖业的战争→P.80
节庆日→P.121

地图标注
（折页A-B 2-3）：折页地图上的位置
（折页a-b 2-3）：折页地图中附加地图上的位置

欢迎来到菲律宾

在菲律宾您可能会有一种奇特的体验：选择的痛苦。这个岛屿数量第二多的群岛国家拥有许多绝美的海滩，您可以在这里晒日光浴、浮潜或深潜，还可以在丛林里冒险，亦可在有 2000 多年历史、由伊哥洛特山民开凿出的梯田上徒步旅行（Trekking）。无论您做出什么样的选择，都会收获当地人友善的笑脸。菲律宾人民热情好客，款待陌生人被认为是种荣誉。

几乎没有哪个亚洲国家像菲律宾这样受到过多种文化的影响：菲律宾人起源于马来人种，有西班牙和中国姓氏，官方语言为英语和菲律宾语。西方世界对菲律宾的影响之大是毋庸置疑的。许多购物中心与欧洲的购物中心十分相似；约 90% 的居民信仰天主教和基督教，而他们对待汉堡和篮球的态度又反映了其美国式的生活方式。这种东西合璧将从游客踏上菲律宾这片土地的第一刻起就唤起他们的好奇心。此外，佛教寺庙、中式古塔和日本茶道无疑又给菲律宾增添了更多的亚洲风味，而西班牙长达 333 年的殖民统治和美国长达 50 年的占领历史，也都给这个东南亚岛国留下了独特的烙印。

上图：长滩岛的白沙滩

菲律宾

集市上的收获不仅是蔬果,还有微笑

　　菲律宾美国化的社会生活与文化虽然一度饱受诟病,但这种美式生活方式却让它成为西方游客亚洲旅行理想的入门之选。旅行中几乎不存在语言障碍,因为英语是这里的第二官方语言,与西方的文化差异相对于亚洲其他国家而言较小。但您也不要失望,在西化的表象背后,菲律宾依然是一个典型的亚洲国家,以其开放的姿态为您展现十足的亚洲元素。"Mabuhay"不仅是当地的打招呼用语,更表达了对远道而来的客人的欢迎。

　　菲律宾人淳朴好客,而绝美的自然风光又是这个巨大群岛的另一张王牌。全国大小7000多个岛屿总能令游人陶醉不已,甚至流连忘返。巴拉望(Palawan)的热带雨林非常适合徒步旅行,阿波礁(Apo Reef)和图巴塔哈群礁(Tubbataha

约公元前250000年	人类首次定居北吕宋岛。
约公元前3000年	马来人迁居于此。
1380年	棉兰老岛和苏禄群岛皈依伊斯兰教。
1521年	麦哲伦登陆萨马(Samar),宣布岛屿主权归西班牙国王菲利普二世所有。
1542年	洛佩·德·比利亚洛沃斯(López de Villalobos)根据西班牙国王菲利普二世的名字将该岛命名为菲律宾。

欢迎来到菲律宾

Reef）是世界上最好的潜水胜地之一，山区省份（Mountain Province）的水稻梯田被誉为世界第八大奇迹。

同时，菲律宾为日光浴爱好者提供了许多梦幻般的海滩。这里大部分小岛安静而闲适，未曾受到商业化冲击。由于地处偏远，岛上的沙滩尽管迷人却相当空旷。这为那些想要享受阳光、海滩、海浪，却又偏好独处的游客提供了理想的度假机会。岛上人们生活简单，生活悠闲。海岛不仅有一望无垠的沙滩，还有郁郁葱葱的高山和宝石一样湛蓝碧绿的海水。有些岛屿的青山脚下经常看到整洁清新的牧场，还有洒满阳光的仙境般的稻田，伴随着高高的椰子树，真是美得让人心醉。在沙滩上晒太阳，海风佛面犹如徐徐春风，让游客心旷神怡。很多沙滩都有自己的特色，比如粉色海滩（Zamboanga）和卡拉梦海滩（Caramoan）。粉色海滩以其特殊的颜色而得名，从海底冲上来的红珊瑚粉末与白色沙子混合，形成了美丽的粉色沙滩，与蓝绿色的海水相得益彰。卡拉梦海滩以当地的海龟而得名，它与世隔绝，安详静谧。白色沙滩在巨石和岩层间无尽绵延。除了沙滩，这里还有洞穴、瀑布、淡水池、地下溪流和环礁湖。

> 漫游在热带雨林、海滩和精彩的潜水胜地。

- **1571年** 西班牙人建立了马尼拉城。
- **1578年** 西班牙当局对菲律宾南部穆斯林发动侵略战争。
- **1892年** 对西班牙的独立战争开始。
- **1896年** 黎刹被西班牙当局处决。
- **1898年** 美军占领西班牙。
- **1941年至1944年** 日军将美军驱逐出菲律宾。
- **1946年** 菲律宾独立。

菲律宾

这里不会让喜欢一次玩多个地方的游客失望。菲律宾国内航空网络发达，许多人迹罕至的小岛屿也有机场。在旅游淡季，游客甚至可以体验鲁滨孙的生活。即便是旅游旺季，整个海滩也只有少数几个游客密集点，因为整个岛国为休闲旅客或是冒险家提供了长达 3.5 万千米的沙滩，其独特的水下世界对潜水爱好者来说吸引力巨大。如果游客带着孩子一起，肯定会格外担心安全问题。儿童可能会成为当地人喜爱的合影对象，不过不要担心，如果您拒绝，菲律宾人也会尊重您的决定。

但您也需要做好相应的心理准备，毕竟这里不仅有美丽的岛屿，许多居民仍然深陷贫困，大约 1/3 的菲律宾人生活在贫困线以下。每年近乎爆炸式的 2% 的人口增长率更是加剧了这个问题。与此相对的是少数富有家族，他们拥有大量的房产、汽车、田地等。贫富差距之大，真是令人咋舌。很遗憾，如此美丽富饶的国家并不是每一个居民的天堂。

> **根深蒂固的宗教信仰是其坚固的依靠。**

"Bahala na"是美丽海岛居民的座右铭，大意是"一切都会好的"或者"上帝自有安排"。菲律宾人往往不会因为命运多舛而自怨自艾。他们自诩为"竹"，灵活柔韧，却又可以抵御风暴的袭击，这也就解释了为什么他们在困境中还有那么多的节庆、欢笑和丰富的音乐。当然，菲律宾人坚定的宗教信仰也对他们乐观的性格产生了影响。

西班牙殖民者为菲律宾带来了天主教，这种宗教结合了一些当地宗教元素后扎根于此。做弥撒、游行、祷告等是许多菲律宾人民的生活日常。

菲律宾的经济水平与发达国家仍有一定差距，许多人寄希望于旅游业，但长期以来效果并不显著。近两年，来此旅游的人数稳步上升，中国的旅行社也在逐步推出菲律宾海岛游计划。但是马尼拉（Manila）和菲律宾其他主要城市时有发生的爆炸事件让游客和当地居民都感到不安。为了防止类似的暴力事件再次发生，马尼拉等主要城市的旅馆和商圈一天 24 小时都有守卫人员。全国的度假村都有私人安保服务，但一般来说游客仍需自己多加注意，不可掉以轻心。您可以在诸如薄荷岛（Bohol）、民都洛（Mindoro）和内格罗斯岛（Negros）等旅游胜

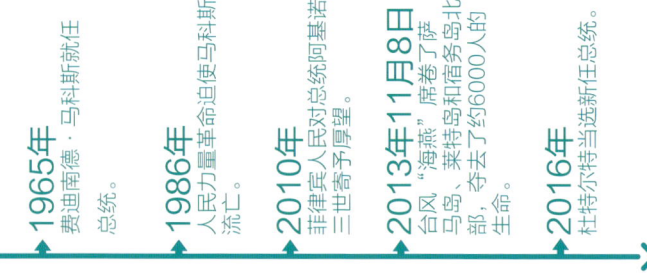

- **1965年** 费迪南德·马科斯就任总统。
- **1986年** 人民力量革命迫使马科斯流亡。
- **2010年** 菲律宾人民对总统阿基诺三世寄予厚望。
- **2013年11月8日** 台风"海燕"席卷了萨马岛、莱特岛和宿务岛北部，夺去了约6000人的生命。
- **2016年** 杜特尔特当选新任总统。

欢迎来到菲律宾

令人叹为观止的自然奇观——薄荷岛的巧克力山（Chocolate Hills）

地度过一个无忧无虑的假期。

宗教信仰加上 90% 以上的小学入学率保证了菲律宾人民的高素养，这也对菲律宾人善良的民族性格产生了直接的影响。作为外国游客，在菲律宾您会处处体会到当地人乐于助人的天性。如果您遇到了困难，无论是在哪里，都会有很多热心的菲律宾人出来帮忙。车子坏了有人帮忙推，迷路了有人指引方向，就算鞋子坏了也会有人乐意帮您修补。总之，菲律宾是一个典型的具有热带风情的国家，来到这里您一定会被当地人的热情友好而感染。

热情友好的本地居民。

来菲律宾进行一场独特体验之旅吧，除了美不胜收的独家照片，您还可以将这个迷人岛国宽容乐观的精神带回家，只要想起"bahala na"，一切都会好起来的。

当地锦囊

从所有的当地锦囊中，我们为您挑选出了15条最棒的旅行建议。

当地锦囊 ▶ 温柔的巨人
在巴拉望岛北部地区您将有机会躲开熙熙攘攘的人群，一睹稀有的"海牛"儒艮在水中安静地吃草。→ P.87

当地锦囊 ▶ 无须蹑手蹑脚
在马尼拉的马里基纳（Marikina）地区有一间鲜为人知的鞋履博物馆，内藏800余双鞋子，包括菲律宾前第一夫人伊梅尔达（Imelda Marcos）捐赠的鞋（下页图）。→ P.39

当地锦囊 ▶ 长滩岛的另一面
厌倦了世界著名"白沙滩"的时髦生活？您可以在长滩岛的布拉波海滩试试风筝冲浪等项目，发掘自己未知的潜能。→ P.68

当地锦囊 ▶ 做一回随心所欲的鲁滨孙
穿梭在巴拉望北部群岛，体会无限的自由（上图）。→ P.87

当地锦囊 ▶ 檀木的神奇效果
马尼拉奎阿坡教堂黑拿撒勒人节的祭礼对游客来说是个难得的体验，而您无须像许多本地人一样谦卑地屈膝。→ P.39

当地锦囊 ▶ 美景近在咫尺
您想在沙滩漫步，去民都洛潜水，但是并不喜爱沙班冗长的派对之夜？那么您可以在塔里潘拉海滩（Talipanan Beach）寻得安静的休息之处。→ P.57

当地锦囊 ▶ 时间仿佛静止
维甘（Vigan）富有韵味的民宿以及奎松（Quezon）地区的安吉拉度假山庄（Villa Angela）能让您获得极佳的休憩体验。→ P.53

当地锦囊 ▶ 清晨的鲨鱼之光
长达数米的稀有的长尾鲨可能会在清晨游向马拉帕斯卡岛（Malapascua Island）梦幻般的海岸。→ P.76

当地锦囊 ▶ 当艺术遇见美食

视觉的盛宴结合味蕾的绝妙体验，这便是 Oh My Gulay 餐厅的特色。位于碧瑶（Baguio）的这间餐厅在提供创意素食菜的同时，还展出菲律宾的年轻画家、摄影家的最新作品。→ P.47

当地锦囊 ▶ 丛林的秘密

在吕宋（Luzon）的丛林环境生存训练营中寻找一位合适的阿埃塔族人当向导，跟随他穿越丛林，体验许多菲律宾当地人都未曾感受过的丛林之旅。→ P.108

当地锦囊 ▶ 海鲜爱好者的天堂

老牌海鲜市场（Seafood Market）是马尼拉专门供应新鲜鱼虾等海产的地方。→ P.41

当地锦囊 ▶ 隐藏的刺激

您可以放弃那些车水马龙的街区，进行一场不同寻常的体验之旅。在吕宋原始森林深处的隐谷温泉度假村，您可以享受令人放松的浴疗。→ P.110

当地锦囊 ▶ 在热带丛林中的河流上享受晚餐

水上餐厅为不会游泳的人们提供了在洛博克河上泛舟并享用美味的机会。→ P.63

当地锦囊 ▶ 在宿务市内休闲观光

和导游 Ka Bino Guerrero 一起穿梭在隐蔽的小巷子里，这位热情的向导会以一种轻松愉快的方式带您游览。→ P.71

当地锦囊 ▶ 丰收节的视觉盛宴

位于吕宋岛的小城卢克班（Lucban）每年举行丰收节，您会看到由蔬菜、鲜花和水果装饰而成的花车游行。→ P.121

体验菲律宾

免费畅游
既省钱，又能发现新事物

省钱有道

- **菲律宾的"巴赫"与"贝多芬"**
  周日下午在黎刹公园（Rizal Park）闲逛，可以欣赏到具有异国风情的美妙音乐，热带王国有马尼拉交响乐团的免费演出。
  → P.39

- **圣洞中的祭礼**
  北吕宋岛伊哥洛特（Igorot）地区以其几百年来的特殊殡葬传统闻名于世。距离萨加达（Sagada）步行约半小时的龙眠洞（Lumiang Cave）处有100多具悬棺。您无须准备额外的装备，带上手电筒足矣（左下图）。→ P.51

- **身边的小猴子**
  眼镜猴是世界上体型最小的灵长类动物之一。在薄荷岛眼镜猴自然保护区，您可以在自然环境中以极其低廉的价格（约人民币8元）近距离观察这个濒危物种。→ P.63

- **心灵的节日**
  马尼拉巨大的迪菲苏利亚市场（Divisoria Market）除了给游客提供低价的商品和舒适的购物体验外，还能提供一个从侧面观察这个大都市繁忙的市井生活的机会。→ P.33

- **竹子的经典回声**
  如果您在周日或节假日清晨前往圣约瑟夫教堂（St. Joseph Church）做礼拜，您可以获得一项特殊的音乐体验，欣赏用竹制管风琴演奏的教堂音乐。
  → P.36

- **与囚徒散步**
  在巴拉望，您可以在开放式的伊瓦希监狱（Iwahig Penal Colony）免费参观劳改农场和劳改工厂。→ P.92

本色菲律宾
不容错过的特色体验

● **水稻梯田（Rice terraces）**

吕宋岛北部古老又宏伟的梯田是珍贵的世界文化遗产。在山区省份陡峭的山坡开凿出来的梯田仿佛是通向天国的阶梯，不容错过！ → P.46

● **节日**

对于菲律宾人来说，每一天都可以是节日。每一个小城镇都会借各种契机举办庆祝活动。假如您正好在10月的第三个周末赶上巴科洛德（Bacolod）的面具嘉年华（Mass Kara Festival），便可以和成千上万的游客们一起狂欢。→ P.121

● **全国最美的海滩**

若您询问菲律宾当地人他们会去哪里度假，答案大多是长滩岛（Boracay）。在当地人眼里，长达4千米的白沙滩铺满了像糖粉一样细腻的沙子，映衬着翠绿的椰子树，是全国最美的海滩。→ P.67

● **信心疗法**

做完礼拜以后接着去做"信心疗"，对菲律宾人来说仿佛并不矛盾。对于超自然力量的信仰是他们日常生活的一部分。如果您想亲自体验这种"万灵药"的功效，可以前往圣安东尼奥（San Antonio）的女巫岛碰碰运气，那里有许多信心疗法大师。→ P.83

● **菲律宾的大众交通**

吉普尼是菲律宾最流行的公共交通工具，它有丰富的色彩、庞大的身躯和略大的噪声。有兴趣试试吗？您可以去它的诞生地拉斯皮纳斯（Las Pinas）的工厂参观（上图）。→ P.39

天热好去处
让人身心舒畅的活动

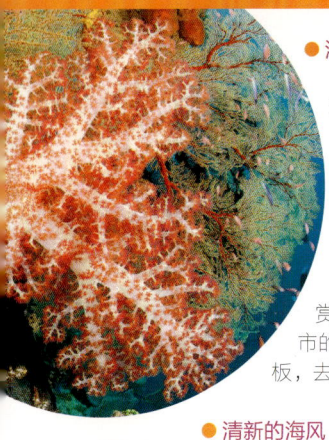

● 潜水的乐趣
在连续的 30 摄氏度以上的高温天气中,最适合进行的活动便是潜水。位于苏禄海(Sulu Sea)的图巴塔哈群礁为潜水爱好者提供了一个色彩斑斓的水下世界,也许潜过几次水之后,您会觉得还是水面上比较温暖(左图)。→ P.94

● 看电影与溜冰
您可以坐在巨大的 IMAX 电影院,吹着冷气观赏 3D 电影大片。如果还嫌热,那您可以在马尼拉市的亚洲购物中心(Mall of Asia)戴上手套、踩着滑板,去冰面滑行。→ P.42

● 清新的海风
不喜欢空调?位于大雅台(Tagaytay)的塔尔湖(Lake Taal)为您提供了另一个天热时的好去处。这里终年吹着凉爽的海风,您可以坐在 Sonya's Secret Garden 餐厅的露台上,享受眼前郁郁葱葱的绿色热带美景。→ P.45

● 乘船观光
您可以租一艘赛艇,让迎面吹来的风掠过鼻尖。位于巴拉望的柏库德群岛中藏着一条风景秀美、适合划船的热带观光路线。→ P.89

● 凉爽的购物中心
如果您在宿务(Cebu)观光时,受因于城市拥堵的交通、炎热的天气、呛人的尾气或喧闹的噪声,那么您可以像当地人一样躲进凉爽的购物中心,如阿亚拉购物中心(Ayala Center)。→ P.74

● 浮潜时与鲸鲨亲密接触
每年 2 月至 5 月都会有鲸鲨洄游至栋索尔(Donsol)。游泳和浮潜爱好者如果能与这些温柔的庞然大物亲密接触,一定会是一次新奇又难忘的体验。→ P.50

炎热时分

休闲之所
深呼吸,尽情享受,忘记烦恼

放松身心

● **与世隔绝**
　　想象一下在热带岛屿星光闪烁的夜幕下做美梦!桑安特岛度假酒店(Sangat Island Resort)的环保度假屋可以带给您独占一岛的体验,如果想更进一步体会孤独,可以租下与世隔绝的"鲁滨孙"小屋。→ P.87

● **宁静的绿洲**
　　美容与健身在菲律宾是件重要的事情,菲律宾全国上下有着数不清的健身沙龙。在身体护理方面有一家全国数一数二的SPA会馆——位于长滩岛世外桃源的Mandala Spa(下图)。→ P.68

● **水下疗法**
　　在马尼拉的海洋公园,您可以体验一次水下疗法。将您暴走后疲惫的双脚伸入水池,立马就会有许多小鱼投入到它们的工作中,为您啄去足底的死皮。→ P.43

● **晚餐时的舞蹈表演**
　　位于萨马尔岛的珍珠园海滩度假村(Pearl Farm Beach Resort)会举办"棉兰老岛之夜",有舞蹈家和音乐家身着传统服饰表演节目。您只需安静地坐下来,在享用当地特色美食的同时就可以欣赏舞蹈演出。→ P.101

● **竹筏漂流**
　　乘着竹筏漂流在祖母绿色的洛博克河的Tontonan Falls,被周围浓密的绿色植被所包围,同时还能享用水上餐厅的饕餮盛宴。→ P.63

● **下午茶**
　　置身于马尼拉半岛贵族酒店(The Peninsula)的休息厅,您不仅可以享用到精致的甜点,还可能见到许多名人来来往往。→ P.44

潮流之选

1 现场音乐表演

马尼拉的音乐 吉他的琴声让这座城市深深陶醉。在一些小型俱乐部中的节目单上总是会有摇滚或者民谣演出，例如 Mag：net 咖啡馆（🏠 High St, Bonifacio Global City, Taguig），每天都有不同的乐队进行现场演出；或者去霍比特之家（🏠 1212 Arquiza Trade Center, M.H. del Pilar St., Ermita @ www.hobbithousemanila.com），可以欣赏到本地乐队的演出。而在 Ka Freddie's 音乐酒吧，您可以欣赏到驻唱歌手们的原创作品（🏠 120 Tomas Morato Ave. Kamuning Road, Quezon City @ www.freddieanakaguilar.com）。

一、二、三，行动！

肾上腺素激增 游客行走在高挂于树梢的吊桥上，在摇晃中保持平衡，或是挂着绳索"嗖"的一下子滑入空中——遍布全岛国的冒险者乐园对游客有着巨大的吸引力。想体会肾上腺素激增的感觉？以下几个探险公园可供您选择：薄荷岛的巧克力山探险公园（Chocolate Hills Adventure Park @ www.chocolatehillsadventurepark.com）、棉兰老岛卡加延德奥罗地区的 Mapawa 自然探险公园（@ www.mapawa.com）以及 Dahilayan 探险公园（@ www.dahilayanadventurepark.com）。

3 烹茶

茶道 菲律宾并不是一个传统的茶文化国家，但是在茶道会上，只要有一位茶艺师，加上繁多的中国茶叶品种，就能用沏好的略带苦涩的茶水唤起在座每一位的兴趣（🏠 Shangri-La's Mactan Resort, Lapu-Lapu @ www.

> 菲律宾有许多新鲜事物等待您去探索。

shangri-la.com）。除了喝咖啡小憩之外，偶尔也可以来一次茶歇，T-Salon（🏠 Glorietta 4 Ayala Ave, Makati, Manila）内亮起轻柔的灯光，有甜美的糕点和舒缓的音乐做伴，舒服地靠在沙发里，品味自然茶香不失为一件乐事。如果想在路上喝，您也可以选择打包带走。

清新之风

区域文化　马尼拉帕西格河北部的老城区曾经是城市的中心地带，遍布酒店和高档商场。但是旧日的辉煌已经渐渐逝去，一批新城区如马卡蒂（Makati），博尼法西奥环球城（Bonifacio Global City）和奎松市（Quezon City）正逐渐兴起。近几年来，菲律宾的年轻人致力于振兴岷伦洛区（Binondo）和圣塔克鲁兹区（Santa Cruz）。另外，人们还专门为艺术活动建立了"万岁马尼拉"网站（@ www.vivamanila.org）。艺术家、作家和电影制片人承诺开展98b项目合作（@ www.98-b.org），为保护古老建筑、言论自由和街头艺术而共同努力。

一切为了环保

可持续发展 🌱 越来越多的菲律宾人开始重视营养和环境，特别是在首都马尼拉和一些省会或游客集中的城市，可以购买到很多有机食品或有机美妆产品。越来越多的餐馆开始供应产于当地的有机食品，如Happy Veggie（🏠 958 Masangkay St., Binondo, Manila 📞 0 22 45 92 57 ¥ €）。商店里也能买到有机蔬菜和香料，马尼拉的周末集市上也会出售有机食品，如黎牙实比周日市场（🏠 Legazpi St., V. R. Rufino St., Makati 🕐 周日 7:00—14:00）和萨尔赛多社区市场（🏠 Jaime Velasquez Park, Leviste St., Salcedo Village, Makati 🕐 周六 7:00—14:00）。

上图：宿务市的圣尼诺节会场

菲律宾面孔

回馈祖国

　　菲律宾人很爱自己的祖国，但仍然有 1100 万菲律宾人由于经济问题不得不去海外生活工作。绝大多数在沙特阿拉伯、新加坡和中国香港当司机、保姆或乐手，这样他们能赚到比菲律宾法定最低日工资（人民币 46 元）更多的钱。从海外汇入的这些工资占了菲律宾外汇收入的 1/4，给国内的经济尤其是建筑业发展带来了强大的推动力。外出工作的人们还会在回国探亲之际给家人带回现金和礼物。

轮船交通

　　菲律宾有各式各样的交通工具，轮船一直以来都是最受欢迎的，但船难和险情屡见不鲜。当地航运企业不断投资提升安全运营水平。在萨维亚，不带小孩的旅行者可以选择汽车轮渡，价格非常便宜。乘坐 Supper Cat Fast Ferry 号轮渡从宿务去塔比拉兰需花费 500 比索。航船时刻表一般都在轮船公司张贴出来。台风季轮船基本不出港，您应该在轮船出发前对天气做出预判。当飓风登陆时，请不要乘船。请改签搭乘其他船只或者推迟船期。

手机热潮——菲律宾是全球收发手机短信最多的国家。

家庭

对于菲律宾人来说,一个人没有家人就相当于一朵鲜花没有光照。毫无疑问,世界上鲜有其他国家的人像菲律宾人一样重视家庭。

通常来说,父亲是家庭的经济支柱,母亲负责料理家务、抚养并教育孩子,在困难时期她会是一个家庭的精神支柱。通常母亲们还要做一些兼职补贴家用。家庭中的男孩子常被教导要有男子气概,而女孩子则要早早承担照顾家庭的责任,照顾她的弟弟妹妹。年长的家庭成员不会被认为是家族的负担,而是整个家族几十口人最尊敬的长辈。

菲律宾

水稻种植是北吕宋伊哥洛特地区的传统

宗教与迷信

大部分菲律宾人都有宗教信仰。83%的居民是天主教徒，10%的居民则信仰基督教并分属于新教教会、基督教会或菲律宾独立教会。菲律宾是除东帝汶之外，东南亚各国中唯一广泛受到基督教影响的国家。群岛南段则是穆斯林聚集地。基督教的习俗如洗礼和教堂婚礼在这里十分常见，但是对万物有灵的信仰也牢牢扎根于此。菲律宾人对圣母玛利亚有着虔诚的崇拜，同时对神灵也有着深深的敬畏。

信心疗法在21世纪仍然像过去一样盛行于此，人们通过一些特殊手段如按手祷告、草药汁或精神上的仪式等缓解或治愈疾病。基督教活动也时常会掺入其他元素，在外人眼中教徒们就像五颜六色的狂欢游行队伍。

衣着

16世纪前后,菲律宾人多穿用棉纱、麻纤维制成的衣服。男人穿的上衣称"康

菲律宾面孔

饮食

菲律宾人的主食是大米、玉米。农民在煮饭前才舂米。米饭是放在瓦缸或竹筒里煮,用手抓饭进食。菲律宾人最喜欢吃的是椰子汁煮木薯、椰子汁煮饭,然后用香蕉叶包饭。玉米作为食物,先是晒干,磨成粉,然后做成各种食品。城市中上层人士大多吃西餐。

作为一个多元文化交融的国家,菲律宾饮食融合了各国风味,最有特色的要算西班牙美食了。新鲜美味、香浓多汁、色彩缤纷、充满异国风味的美食成为游客的盛宴。无论你跻身于街头小吃摊还是进入高级餐厅,都有地道的菲律宾食品以及欧洲菜式供你选择,令游客回味无穷,称心如意。

绿色浪潮

总体来说,菲律宾人尚未将环境保护和动物保护摆到一个较高的位置。贫困的人们更在意的是自然能为他们带来什么样的经济利益,农田过度开垦不可避免。过度砍伐森林和捕鱼只不过是其中的两个关键词,诸多现象让环保主义者感到绝望。此外还有许多贪婪的国际大公司,特别是一些矿产公司,把目光锁定在了棉兰老岛丰富的铜矿上。

人们的环保意识也渐渐开始觉醒,多亏一些先锋团体和不知疲倦的非政府组织的努力,相关的环保措施才得到进一步的落实。这些组织包括棉兰老岛妇女组织、👽 Ecolink妇女网(该组织同时也致力于少数民族的保护事宜)、👽 环境法律援助中心(@ www.elac.wordpress.com/about-elac,提供

岗",无领、短袖,下身用一条叫"巴哈"的布裹着腹部,上衣下摆略低于腰部。衣服的颜色多为蓝色或黑色,只有尊长着红色的衣服。

21世纪,菲律宾中上层人士多着西装,老百姓衣着则比较简单。男子上身穿衬衣,喜用白色,下身穿西装裤;女子喜欢穿低领连衣裙。大部分青年会穿西式皮鞋,老年人仍穿用木头、麻或草做成的拖鞋。

菲律宾

环保相关的法律援助）、菲律宾地球之友（@ www.lrcksk.org，支援少数民族的各种农村社区问题）、哈瑞宝基金（@ www.haribon.org.ph，旨在保护菲律宾生物的多样性）。

相较于许多西方国家，菲律宾的有机产品供应量明显不足。但是在首都马尼拉还是可以购买到不少有机食品，另外一些度假村也会注重环保，在水疗区还会特意选用纯天然的护理用品。

斗鸡活动

在菲律宾流传着这样一段不甚好的话：假设房子着火了，男主人会先去救他的公鸡，然后才轮到妻儿。不可否认，在全世界许多地方都被取缔的斗鸡活动在菲律宾却极度流行。这种公鸡只吃含有药物成分的特配饲料，并被用专门的清洗剂清洗，每周日它们就被拉上战场用绑有锋利刀片的爪子攻击它们的对手。血淋淋的比赛通常在很短时间就结束了，输赢立判。斗鸡比赛时男人们完全沉浸在比赛的热情中，甚至会忘记一切。胜利的公鸡获得无上荣誉，输掉的公鸡则会面临被烹煮的命运，而获胜的那只迟早也会有失败的时候，也会有被烹煮的遭遇。

吉普尼

菲律宾人天马行空的创造力只需用吉普尼（Jeepneys）来证明。这种色彩丰富的车辆至少可载客16人，可以在全国范围内运输人员、动物和货物，是菲律宾版本的"美国军用吉普"。车辆的车身和框架由美军1964年撤离后遗留下的军用吉普车改装而成，时至今日车辆的整体设计也没有大的改动。吉普尼已经成为这个国家的一个独特标志。

大自然的力量

菲律宾位于环太平洋火山地震带上，容易遭受地震和火山喷发等自然灾害。岛国居民担心18座活火山可能会不定时喷发。这样的担心不无道理。2013年5月，南吕宋岛的马荣火山（Mt. Mayon）就发生过意外，3名德国登山队员和1名当地向导被蒸汽爆炸产生的碎石砸中而身亡。地震在菲律宾也不罕见。通常6—11月还会有约20场台风伴随着强风暴雨天气袭击吕宋岛和米沙鄢群岛（Visayas Islands）的东北部地区。2013年，世界上最强烈的热带风暴之一"海燕"就曾席卷了萨马岛和莱特岛（Leyte），摧毁了100多万间房屋，夺走了6000多人的生命。

色情行业

卖淫在菲律宾是非法的，但也有一些城市有色情酒吧和妓院，多数是美占时期遗留下来的产物。如今许多来自欧洲、美洲或大洋洲，以及更多来自亚洲国家的游客希望在菲律宾可以用较为低廉的价格获得色情服务。尤其受欢迎的是未成年性工作者，根据联合国儿童基金会的估计，菲律宾约有6万名年轻男性和10万名年轻女性从事色情行业，以减轻他们极端贫困的家庭的负担。由于绝大多数情况

菲律宾面孔

皮纳图博火山（Mt.Pinatubo）是全国众多活火山之一

下，人们并不使用避孕套，所以意外怀孕对他们来说并不少见，这种情况下所出生的孩子不受法律保护。那些孩子们西化的脸庞揭示了他们的血统，他们从小在鄙夷和蔑视中长大，一直被笼罩在色情行业的阴影之下。

短信

　　菲律宾是全世界每日发送短信数量最多的国家，全国日均短信发送量超过 2 亿条，不管是坐着、站着还是跑着，也不管是在餐馆、运动场还是影院，菲律宾人无时无刻不在给亲朋好友发短信。

语言

　　对于语言学家和语言学爱好者来说，菲律宾有 80 多种语言可供细细研究。官方使用两种语言——英语和菲律宾语（他加禄语）。75% 的居民会说英语，除此之外，英语和他加禄语的混合语言也被广泛使用。菲律宾的上层阶级也会说西班牙语和中文。

美 食

如果以为东南亚美食只是辛辣的咖喱或开胃的刺激性香料，那温和的菲律宾菜肴一定会让您感到惊喜。该国典型的菜肴便是各国美食大杂烩，给您多元化的选择，比如某道听起来是西班牙风格的菜肴会使用少量的中国香料，再以菲律宾传统的烹调方式制作而成。另外必不可少的还有美式汉堡。米饭为菲律宾人的主食，早餐的时候便会食用，主要为籼米。搭配米饭的主要菜肴为鱼肉、鸡肉或猪肉。

菲律宾人具体吃什么菜或者多少道菜，完全取决于他们钱包的丰满程度。贫困的家庭可能一天到晚只能吃米饭，搭配不同的蔬菜，肉类只能在节庆的时候品尝。而富庶的家庭则完全不同，看看他们的腰围就可以知道他们平日的饮食有多么丰富。

抛开一些猪肉类料理，菲律宾饮食还算是很简单并健康的。一些当地的蔬菜，诸如空心菜、番薯或佛手瓜都是物美价廉的选择。

菜肴的名称往往也揭示了他们的烹调方法。例如 adobo 就表示将食材（通常为鸡肉或猪肉）用醋、酱油和蒜文火炖煮。Sinigang 是一种添加了

上图：菲律宾炸鱼

亚洲的食物并不总是辛辣的，菲律宾人喜爱简单健康的饮食方式，他们以米饭为主食，使用温和的调味品。

罗望子的酸汤，搭配鱼肉、猪肉或鸡肉一起烹煮。

对于外来客而言不太能接受的菜肴可能是一些传统菜品，如balut，即快孵化成雏鸭的鸭蛋，当地人认为食之可以增强男性性能力。诸如此类的还有在吕宋岛北部山区居民食用的一道含有狗肉的料理aso以及炸鸡脚。

海鱼、淡水鱼等鱼类可谓是菲律宾最美味的菜肴种类。广受大众喜爱的、价廉物美的淡水鱼有罗非鱼和虱目鱼，稍贵一些的有拉普拉普鱼、金枪鱼和旗鱼，新鲜烤制的鱼尤其美味。

菲律宾

特色美食

Adobo 非常受欢迎的一道菜，主要食材为鸡肉或猪肉，有时也会用墨鱼，加入土豆、胡萝卜、醋、酱油和大量的蒜烹煮而成。

Ampalaya con carne 牛肉炒苦瓜。

Arroz caldo 加洋葱、大蒜和生姜调味过的鸡肉米汤，简单但很美味。

Bangus 炸虱目鱼或是把它同土豆、胡萝卜、番茄、葡萄干和洋葱等一起烘烤。

Basi 一种甘蔗酒。

Pancit 中式炒面，含鸡肉、猪肉或蟹肉和蔬菜（左上图）。

Cameron Rebosado 蘸着面包屑的螃蟹用黄油焗烤。

Crispy Pata 脆皮猪手，上桌的时候通常已经切成小块。

Ginataan 肉类、鱼类或蔬菜，用椰奶烹调。

Green mango juice 绿芒果汁。

Halo-Halo 水果、玉米、燕麦片和碎冰一起拌匀，淋上炼乳。这是许多菲律宾人最爱的甜点。

Lambanog 高浓度椰子酒。

Lapu-Lapu 菲律宾最受欢迎的吃鱼方式便是炸鱼，还可以根据喜好做酸甜口的。

Lechon 重大庆典少不了烤乳猪，与之搭配的还有浓郁的蘸酱。

Lumpia 菲律宾春卷，包有肉或蔬菜（右上图）。

Mami 鸡肉、牛肉、猪肉或蟹肉面汤。

Bibingka 一种由米粉、椰丝和糖制成的甜点。

Tinola 蔬菜、鸡肉或鱼肉用葱姜焖煮。

螃蟹和虾通常是被带壳一起端上餐桌，如果您点了海鲜，可能需要直接上手剥壳。可能只有真正在海边才能以合适的价格吃到新鲜的龙虾。

欧洲人的咖啡和蛋糕是菲律宾人喜爱的午后甜点，您也可以尝尝他们的 buko（椰丝蛋糕）或是 ensaymadas（甜面包撒上芝士）。

美食

菲律宾盛产水果。其中黄金芒果被公认为是世界上最美味的芒果。每年的3—6月是水果丰收的季节,游客可以在任意一个街角以极其低廉的价格购得新鲜水果。其中菲律宾菠萝以香甜多汁著称,是该国最重要的出口产品之一。此外这里还出产许多可口的热带水果,如甘甜的木瓜和带有清香的柚子。另有十几个品种的香蕉可供直接食用或烹煮、煎炸,还可以被制作成糕点。菲律宾还有一种奇特的水果——榴莲,人们对于它的情感可谓是或敌或友,有人觉得它散发着"地狱般的恶臭",有人却觉得它有着"天堂般的口感"。

水果、蔬菜、鱼类和肉类在各大农贸市场均有售,当地人称这些市场为湿货市场,因为摊位附近的地面由于货物的关系总是湿漉漉的。大城市的超市里面也可以买到相当丰富的食材。

如果要在马尼拉的餐厅用晚餐,建议提前预订,一般只有城市里的餐厅才会有固定的营业时间。另外还有一种价格低廉的选择便是turo-turo小吃摊。Turo 的意思就是"点菜",您可以在摊上直接对着制成的成品点菜,然后慢慢享用。这是体验菲律宾市井特色小吃的绝佳机会。这样的大排档、小吃摊多数集聚在市场、轮渡港口或公交、吉普尼车站附近。挑选的时候也需要注意下卫生情况。有一个经验

新鲜的热带水果,品质可能优于您家乡的任何一家超市里的水果

是,哪里能吸引许多当地人,哪里可能就是您价廉物美的选择。

推荐搭配主食的还有口味清爽的青柠汁和椰子汁,青柠汁和 当地 特色 椰子汁不仅解渴,根据医生的建议饮用对轻微腹泻也有疗效。

无酒不欢的游客可以试试菲律宾啤酒。当地的啤酒品牌圣米格尔深受海外游客的喜爱。菲律宾的自来水因其存在被细菌污染的可能性,不宜直接饮用,最好购买瓶装矿泉水,每升价格极低。蔬菜和水果应用凉白开或矿泉水洗净。

购 物

去菲律宾旅游一定会满载而归。临行前不要把箱子装满，否则旅途中购买的纪念品就无法装入行李箱。

美味

美味又轻便的旅行纪念品是芒果干和菠萝干。您还可以购买由青柠柑橘汁加蜂蜜制成的浓缩糖浆带回家中享用。

手工艺品

在乡村市场上能以极其低廉的价格购得雕刻品、竹篮制品、编织品等手工艺品，还有略显脆弱但非常美观的用珍珠、贝壳制成的杯垫、盘子或圣诞节装饰品。广受欢迎的还有轻便易携又极具特色的手工卡片，粘有玫瑰花瓣的包装纸价格也很便宜。许多手工编织品极富菲律宾传统特色。最吸引人的旅游纪念品要数那些精心绣制的桌布、餐巾，用菠萝纤维制作的手工编织品，以及带有水牛角装饰的竹制餐具等。

购物商场

逛购物商场是时下菲律宾人流行的消遣方式。他们乐于和家人朋友花费数小时在干净阴凉的购物中心闲逛。如果您精力不错的话可以去位于马尼拉圣胡安地区的 Greenhills 商场（@ www.greenhills.com.ph），那里有很多便宜的鞋子、衣服、电子产品和唱片。

集市

相对大型商场一成不变的价格，游客在集市上购物能通过各种友好的讨价还价方式获得 20%~30% 甚至更大的折扣。远离游客集中地带的集市一般来说最初的开价就比较合理，因此不建议您太固执地讲价。位于马尼拉亚洲购物中心的 AWCP 集市（@ www.awcphilippines.net）为您提供了一个轻松的购物环境，在那里可以购得质量最好的手工艺品和衣物。

集市（⏰ 8:00—14:00）每月举行一次，可能是周一、周二或者周三。喜欢

> 珍珠是便携的旅游纪念品：在冷气十足的商场或是丰富多彩的集市都能购买到形状、色泽各异的珍珠。

追求低价的游客可以去 ●迪菲苏利亚市场（Mivisoria Market 🏠岷伦洛区），在这个传统集市上售卖的面料、服装和花花绿绿的饰品都非常便宜。

时尚与首饰

您可以在马尼拉任意一家购物商场内买到名牌服装，儿童服装价格尤其实惠，因为很多知名品牌都直接在菲律宾进行生产。时尚的女士帽饰售价亦非常低廉，如品牌 Hat Momma 无论在配色还是款式上都可圈可点（@ www.hatmomma.com）。同样廉价的还有箱包和人字拖鞋，近年来菲律宾的年轻人也中意这种休闲轻松的打扮。不管您是打算买原材料还是成衣，去一些小店逛逛总是会有惊喜。极富趣味的时装和手绘布鞋是 Baubles 和 Bangles n' Beads 的典型特色，您也可以去买手店 Peppered Cherry（🏠 Serendra Piazza，Bobifacio Golbal City, Manila）或马尼拉创意设计店（@ www.teammanilalifestyle.com），后者一度荣膺马尼拉最佳购物场所。

珍珠

轻巧美丽的珍珠作为旅游纪念品是再好不过的选择，而且菲律宾的珍珠价格明显低于其他国家。菲律宾出产的淡水珍珠形状、色泽各异，但品质有保证，几乎没有假货。您可以在 Greenhills 购物广场的任意一个摊位前试试您讨价还价的能力。

马尼拉及其周边

　　最初西班牙人将位于南海边的要塞马尼拉（Manila）视作"东方明珠"。但是在第二次世界大战期间，由于美日双方的激烈交锋，这座城市几乎毁于一旦，破坏程度可能不亚于德累斯顿和华沙。

　　直到今日，菲律宾的首都依然没有从重创中完全恢复过来。您需要在抵达马尼拉之前就做好心理准备，马尼拉给游客的第一印象通常是潮湿闷热、混乱的交通、污浊的空气还有贫困。马尼拉有约150万贫民生活在贫民窟。这座巨型城市拥有1500万人口，时至今日仍吸引着无数周边地区人口不断涌入。

　　马尼拉是一座充满活力又极富对比色彩的城市。您可以沿着马尼拉海湾散步，也可以在整修后的因特拉穆罗斯（Intramuros）老城领略16世纪以来由伊比利亚征服者带来的西班牙风情。许多博物馆、名胜古迹集中在此，如果您的时间充裕，可以选择不同种类的一日游路线。马尼拉的交通四通八达，逃离都市丛林，不多久便可亲近水牛与绿油油的稻田，远处便是火山的剪影。

上图：马尼拉罗哈斯大道

> 沸腾都市：菲律宾首都迷人的一面需要多看几眼才能发现。

从这里出发

罗马广场（折页 b2）：从马尼拉大教堂前方的中央广场出发，可以一览因特拉穆罗斯的各大名胜古迹，如历史悠久的石室教堂圣奥古斯丁教堂，卡撒马尼拉花园和圣地亚哥堡，这些景点步行几分钟均可到达。您也可以选择乘坐出租车。

马尼拉

（Manila）（折页 D6）马尼拉是一座由 17 个市镇联合组成的大都会（1976 年），探寻它美丽的一面是很有意义的事情。

对于城区主要景点而言，安排两天的游玩时间足矣。对于喜欢城市夜生活的人而言，马尼拉永远彻夜灯火通明。

菲律宾

坐着马车在大城市里闲逛

最灵活便捷的出行方式是乘坐出租车。从马卡蒂（Makati）到黎刹公园的车费约450比索。需要注意的是出租车有没有按规定打表，当然您也可以和司机协商一个一口价。如果要体验因特拉穆罗斯古老街巷的魅力，建议您还是步行。您可以参阅徒步指南 当地锦囊▶ Carlos Celdran ☎ 1100 比索 ✆ 0 90 88 97 55 15 @ www.carlosceldran.com，该书以轻松幽默的文字指导您在老城区或唐人街游览。

景点

阿亚拉博物馆（Ayala Museum）（折页 d4）

马尼拉最现代化的博物馆，运用60多个立体模型介绍了菲律宾的历史，同时还有武器和舰模展览。 当地锦囊▶ 博物馆咖啡厅 每周日的早午餐（⏲ 11:00 开始营业 ¥ 每位 988 比索）为这座城市的跨文化交流提供了绝佳的场所。🏠 Makati Ave., de la Rosa St. ⏲ 周二至周日 9:00—18:00 ¥ 350 比索 @ www.ayalamuseum.org

竹制管风琴★（Bamboo Organ）

马尼拉南部地区 Las Piña 有一座名为圣约瑟夫的教堂，里面藏有全球唯一的竹制管风琴。它由 832 根竹子和 122 根金属声管制成，制作年份为 1821 年。想要欣赏它优美的琴声有两个选择，每周日和节假日的 ● 晨间弥撒（⏲ 6、7 或 8 点）或是每年 2 月在此举办的 当地锦囊▶ 国际竹制管风琴节。🏠 Real St. ⏲ 周一至周日 8:00—12:00，14:00—16:00 ¥ 50 比索 ✆ 0 28 25 71 90 @ www.bamboorgan.org

博尼法西奥环球城（Bonifacio Global City）（折页 f4）

在经济金融中心马卡蒂东面有一片现代化的区域可供您闲逛，这里曾经是军事用地，如今成为融合现代住

马尼拉及其周边

宅、休闲公园、餐厅、酒吧、精品店和购物中心的博尼法西奥环球城,城中绿树掩映。配备休息区和有喷泉的博尼法西奥购物街是马尼拉地区第一条也是唯一一条步行街。

唐人街（Chinatown）（折页b1）

几个世纪以来,华人集聚岷伦洛地区从事贸易活动。小小的店铺里兜售着草药、粉包以及浸泡在液体里的爬行动物,据说可以减轻各种疼痛。古董商店、金器玉器行以及无数茶馆、餐馆沿着王彬街的主干道或边道一字排开。

华人公墓（Chinese Graveyard）★

大量的菲籍华裔创造了巨大的财富,因此豪华与奢侈也体现在了他们的公墓上,许多陵墓配备有空调、浴室和家具。如果您在工作日前往,需提防盗窃,因为公墓通常在贫民窟附近。在主入口有英文导游（🏠 South Gate：F. Huertas St., Santa Cruz ⏰ 8:00—19:00 ¥ 约200~300比索每小时）。

因特拉穆罗斯★（折页b2）

1571年,征服者米格尔·洛佩斯·德·黎牙实比（Miguel López de Legazpi）替西班牙王室掠夺了位于帕西格河河口的穆斯林聚居区迈尼拉德（Maynilad）,并开始了他的宏伟计划。他下令建造了因特拉穆罗斯,这是一座被城墙包围的城市,它的主要功用是稳固西班牙王室在此的统治。事实证明,几米厚的石墙在抵御外敌入侵方面确实发挥了极大的作用。可惜第二次世界大战期间,马尼拉古城几乎被夷为平地。如今,越来越多的历史遗迹和建筑得到了恢复和修缮,我们又可以窥见因特拉穆罗斯昔日辉煌的影子。★圣奥古斯丁教堂（San Augustin Church 🏠 General Luna St./Real St.）一定是有自己的守护天使庇佑才得以免受战火摧残。想必您会惊叹于这座石制教堂高大的巴洛克祭坛、醒目的穹顶绘画和精致的礼堂。您很可能会见证一场华丽的婚礼,因为圣奥古斯丁教堂是当地新人举行婚礼的首选之地。

隶属于教堂的还有圣奥古斯丁博物馆（San Augustin Museum ⏰ 9:00—

必游景点

★竹制管风琴
不仅仅吸引音乐爱好者:圣约瑟夫教堂内的一件迷人乐器。→ P.36

★华人公墓
陵墓好似一座豪华公寓:富有华裔的奢侈殡葬文化。→ P.37

★因特拉穆罗斯
重建:厚重城墙内的历史古城,包括教堂、博物馆和堡垒。→ P.37

★圣奥古斯丁教堂
有着巴洛克式祭坛和绚丽穹顶的石室教堂。→ P.37

★塔尔湖
绝美全景和凉风习习的体验:徒步后泛舟于火山口湖。→ P.45

★百胜滩
穿越瀑布的急速漂流之旅:来百胜滩进行一场惊心动魄的体验之旅吧。→ P.45

菲律宾

12:00及13:00—17:00 ¥ 100比索），为您还原了西班牙占领时期奥古斯丁修道士的生活风貌。非弥撒时间通过博物馆可达教堂，正对面便是卡撒马尼拉庄园（Casa Manila Manor ◯ 周二至周日9:00—12:00，13:00—18:00 ¥ 50比索）。广场的二层小楼位于圣路易斯广场（SanLuis Plaza），始建于19世纪初，配有古董家具，如今已全面翻修。然后您可以在圣路易斯广场找一间咖啡馆或餐厅饱餐一顿，如Barbara's（🏠 圣路易斯综合广场 ¥¥¥ ☎ 02 5 27 40 86），或是逛逛附近的小店。

值得一看的还有西班牙的旧式堡垒圣地亚哥堡（Fort Santiago ◯ 8:00—18:00 ¥ 75比索）。原始大小的古炮、铁制士兵以及墙垣上经年的弹孔，都是战争历史的见证，城堡内美丽的小公园也让人流连忘返。堡垒的中央是黎刹博物馆（Rizal Museum ◯ 周一 13:00—17:00，周二至周日8:00—18:00 ¥ 免费入场），专为纪念黎刹这位民族英雄而设。这位科学家和自由战士在堡垒里度过了被囚禁的最后时光，直至1896年被西班牙政府处决。这里展出一块被子弹击穿的黎刹骨片、他写下的最后一首诗歌《我的诀别》（Mi-ultimo adio）和他使用的煤油灯。从圣地亚哥堡出来步行不到5分钟便可到达马尼拉大教堂（Manila Cathedral 🏠 罗马广场 ◯ 8:00—18:00 ¥ 免费）。这座建于1581年的教堂饱经战火，第二次世界大战结束后几乎只剩废墟。重建的教堂里有一台拥有4500根声管的管风琴。

当地锦囊 华裔文化传统中心（菲籍华裔历史博物馆）Kaisa Heritage Center（Banay Tsinoy）（折页b2）

这座精心设计却又鲜为人知的博物馆致力于介绍在菲华人的生活文化。许多照片展示了他们的日常，再现了菲籍华裔对菲律宾社会和经济等方面与日俱增的影响。🏠 Anda St., Cabildo St. ◯ 周二至周日13:00—17:00 ¥ 100比索 @ www.bahaytsinoy.org

心灵博物馆（Mind Museum）（折页f4）

这家互动式的科学博物馆位于一座未来风格的建筑内。五个不同的展厅揭示了从地球诞生之初到当

何塞·黎刹（José Rizal）

如果您问菲律宾人，谁是他们国家的民族英雄？他们的回答绝对都是何塞·黎刹。1896年12月30日，黎刹被西班牙殖民统治当局杀害，年仅35岁。黎刹出生于马尼拉南部，父母资助他远赴欧美求学游历。在海德堡，极富语言天赋的他把席勒的著作《威廉·退尔》译成了菲律宾语。作为自然科学家和政治作家，他很早就开始批判西班牙在家乡的殖民统治，很快成为自由运动的先锋。1896年菲律宾爆发革命，西班牙殖民当局拘捕了黎刹，并在马尼拉审判了这位菲律宾人的"精神领袖"。

马尼拉及其周边

代社会的发展进程。🏠 JY Campos Park, 3rd Ave., Bonifacio Global City 🕐 周二至周日 9:00—18:00 ¥ 625 比索 @ www.themindmuseum.org

当地榜霖 奎阿坡教堂(Quiapo Church)(折页 b1)

这间教堂对许多天主教徒而言意义重大,因为这里庇护着黑拿撒勒人。只要您虔诚地轻抚乌木制成的基督雕像,所有罪恶都会被原谅。去该教堂的人比较多,可以看到许多信徒虔诚地祈祷,不分男女老幼(🏠 Quezon Blvd 🕐 6:00—20:00)。

黎刹公园(折页 b2)

这座占地约 60 万平方米的巨型公园是马尼拉的绿肺。日出伊始便有居民在公园慢跑或打太极拳。公园中央屹立着由士兵把守的黎刹纪念碑,它是菲律宾民族团结的象征。纪念碑不远处便是 1896 年黎刹被杀害的地方。公园的北侧有中国花园和日本花园(🕐 7:00—19:00 ¥ 各 10 比索)。两个花园之间有一片很大的露天剧场 Teatro at Pelikula,每周日下午●马尼拉交响乐团的演奏家以及一些海外音乐家会在那里演出,让人们有机会享受到免费的公园音乐会(🕐 7 月至次年 1 月周日 17:00 以后,2 月至 6 月周日 18:00 以后)。

吉普尼工厂(Sarao Jeepney Factory)●

位于 Las Piñas 的吉普尼工厂是许多吉普尼小型巴士的生产加工地,它们在这里通过人工装配而成。参观拜访完这里之后,您一定会对菲律宾的这个"公路之王"有更全面的认识。🏠 Padre Diego Cera Ave.249 号, Pulang

美丽的马尼拉奎阿坡教堂

Lupa 🕐 周一至周五 7:00—16:00 ¥ 免费 ☎ 0 28 74 75 98

当地榜霖 鞋履博物馆(Shoe Museum)

菲律宾曾经的独裁者马科斯的妻子伊梅尔达收藏鞋子的故事称得上是一部传奇。在马尼拉东部的马里基纳区(Marikina)藏有这位戏剧女王的 800 多双鞋子,令人叹为观止。此外还有一些其他社会名流的鞋履。

在这样的品位熏陶下可以顺便在周边开启购物之旅。马里基纳是马尼拉最干净的区域,也是爱鞋人士的圣地。🏠 J.P.Rizal St.,Marikina 🕐 周一至周六 9:00—17:00 ¥ 50 比索 🚇 乘坐出租车或搭乘轻轨 MRT 2

菲律宾

日落大道（Sunset Boulevard）
（折页 b3）

黎刹公园的对面有一条大道从守卫森严的美国大使馆延伸到游艇俱乐部，当地人称它为罗哈斯大道。您可以踏在宽阔的人行道上，沿马尼拉湾悠闲地散步，看看执手的青年眷侣，欣赏日落的美景。

美食

Spiral
这是马尼拉最好的自助餐厅。提供菲律宾、中国、日本、法国、意大利、越南、泰国等国的早、中、晚餐，五星级标准，环境优雅，地理位置方便。🏠 CCP Complex Atang Dela Rama Sofitel Philippine Plaza Manila, Manila, Luzon 1300, Philippines 🕐 周一至周日 6:00—22:30 ¥ 2000~5000 比索 ☎ 63 25 51 55 55

Johnny Chow
该店环境极佳，位于马尼拉云顶万豪酒店二楼，楼下是赌场及商圈。提供各国特色美食，还有菲律宾经典菜肴。🏠 2nd Floor, Newport Mall, Resorts World Manila, Andrews Avenue, Pasay, Luzon, Philippines 🕐 11:00—24:00 ¥ 1000~2000 比索 ☎ 63 26 59 83 53

惠园餐厅（Huey Ying Restaurant）
惠园餐厅是马尼拉最出名的中式餐厅。位于马尼拉海鲜市场内，提供新鲜海鲜加工，符合中国人口味。地理位置优越，价格公道。🏠 5-A U-6 Mall of Asia, Srashore Market, Macapagal Ave.76 District 🕐 周一至周日 10:30—23:00 ¥ 1000 比索 ☎ 63 26 52 43 51

Aristocrat（折页 b3）
这家菲律宾老牌餐厅从1936年起就专做菲律宾当地的传统菜肴。推荐您尝试这里的 crispy pata（炸猪蹄）和 adobo（用酱油和醋调味的肉类料理）。🏠 Roxas Blvd., St.Andres St. 🕐 全天营业 ¥ ¥¥ ☎ 0 25 24 76 71

马尼拉哪里看日落最美？答案一定是在海湾

马尼拉及其周边

Azuthai（折页d4）
这是一家地道纯正的泰式料理餐厅，用餐氛围也很有泰国特色。🏠 Pasay Road Makati ⏰ 11:00—15:00, 17:30—22:30 💰 ¥¥¥ ☎ 0 28 17 62 52

Bistro sa remedios（折页c3）
这家精致小巧的餐馆供应菲律宾不同地区的特色菜肴，晚上还有现场音乐表演。🏠 M.Adriatico St. Remedios St.,Malate ⏰ 周日至周四 11:00—15:00, 18:00—23:00, 周五、周六 11:00—15:00, 18:00—24:00 💰 ¥¥ ☎ 0 25 23 91 53 @ www.ljcrestaurants.com.ph

当地情景 Corner Tree Café（折页e3）
这是素食主义者和有机食品爱好者的天堂，素食做得精良美味，让菲律宾的许多肉食主义者都成了这里的常客。咖啡馆的氛围非常棒，不过别忘记提前预订！🏠 150 Jupiter St. ⏰ 11:00—22:00 💰 ¥¥¥ ☎ 0 28 97 02 95 @ www.cornertreecafe.com

Harbour view（折页b2）
傍晚来此能欣赏到马尼拉湾的绝美日落，在这里还可以品尝到菲律宾的海鲜水产，周末的时候人会非常多！🏠 South Blvd.Rizal Park ⏰ 11:00—24:00 💰 ¥¥¥ ☎ 0 25 24 15 32

Kamayan（折页b2）
该自助餐厅涵盖菲律宾国内多个地区的不同特色菜肴，有着良好的用餐氛围，您可尽情大快朵颐。🏠 Merchants Center Building/Padre Faura St., M. Adriatico St., Ermita ⏰ 11:00—14:30, 18:00—22:00 💰 ¥¥ ☎ 0 25 28 17 23 @ www.kamayan.com.ph

当地情景 海鲜市场（折页b3）
这里是一场视觉和味觉的盛宴：客人们挑选好新鲜的鱼及其他各类海鲜，再由数位大厨现场煎、炒、烤、炸，想用哪种烹饪方式，点餐时告知服务员即可。🏠 1190 Jorge Bocobo St., Ermita ⏰ 11:00—14:30, 17:30—22:30 💰 ¥¥¥ ☎ 0 25 21 43 51

Seryna（折页d4）
该店以精美的日本料理闻名（尤其是寿司和生鱼片）。餐厅有着日式装潢和绝佳的食材。长桌上几乎坐满了日本人，他们一边享用美食，一边和制作寿司的厨师聊天。需要预订座位！🏠 Little Tokyo, 2277 Chino Roces Ave., Makati ⏰ 11:30—15:00, 18:00—23:00 💰 ¥¥¥ ☎ 0 28 94 38 55

省钱有道

当您走累的时候，黎刹公园北翼的中国花园（折页b2）是您稍事休息的理想场所。在喧嚣的都市，这里是真正闹中取静的地方。门票每次只要10比索。

喜欢低价商品的游客可以去Tiendesitas跳蚤市场转转。这个开放式的集市上有从古玩到观赏金鱼等种类繁多的商品。🏠 Ortigas Ave., E. Rodriguez Ave.（折页C5），Pasig City @ www.tiendesitas.com.ph

花很少的钱就可以在赛马比赛中获得竞技的乐趣。🏠 St. Ana Race Track, J. Rizal St. ⏰ 周三至周日 18:00以后 💰 30比索

菲律宾

购物

马尼拉有许多现代化的购物中心（🕐 10:00—21:00）。其中最大的要数位于马尼拉湾附近的亚洲购物中心（折页b5）。除了购物您在那里还可以边欣赏海景边用餐，也可以在室内冰场滑冰或是去IMAX影院看3D电影。想要体验轻松的购物环境还可以去马卡蒂的Grennbelt购物中心（折页e4）。它位于一座环境优美的公园内，周边围绕着许多咖啡馆和餐厅。如果想购买价廉物美的当地产品，推荐去博尼法西奥环球城的Mall Market! Market!购物中心（折页f4）。

SM Megamall

SM Megamall是全世界排名前十的大型购物中心，规模庞大，且服务周到，环境舒适优雅。其内部有4万平方米的时尚大型SM百货商场（如太平洋百货），200余家高级专卖店，100余家著名快餐店、餐厅、咖啡店，2000座的Food Junction（如上海的大食代），12厅的SM大影城（每个放映厅可容纳1000位观众，总座位数达1.2万），1万平方米的SM大卖场（如家乐福），还有药店（如屈臣氏）、大型书城、音像店、大型电子游戏城、KTV、Toy Kingdom玩具城、溜冰场、花店、宠物店、工艺礼品店、大型五金超市(如百安居)、大型家具超市(如IKEA)、家电大卖场（如国美）、银行、票务中心，甚至还有展览中心、小型室内迪斯尼游乐中心、赌场等。该购物中心定期举行大减价活动。除了保龄球馆、溜冰场和12家电影院外，这里还有发廊和诊所。🏠 EDSA corner J. Vargas Avenue，Mandaluyong City，1860，Philippines @ sm-megamall.com 🚇 乘坐MRT-3至Ortigas

亚洲购物中心（Mall of Asia）

这家建成之初号称全亚洲最大的商场，如今位列菲律宾第二，入驻了大量国际名牌和菲律宾本土品牌。商场内有冬奥会规模的巨型溜冰场、菲律宾首家IMAX电影院、电玩中心等，为了避免游客迷路，商场还配备了小型巴士，游客可以搭乘它穿梭于各处。

店内名牌商品的价格确实比国内低。人们可以在露天餐厅喝咖啡或者用餐，一边看海一边欣赏闻名于世的马尼拉落日。🏠 Mall of Asia Complex，J.W. Diokno Boulevard，CBP—1A, Pasay， Metro Manila 1300 Philippines 📞 63 27 57 48 54 @ www.ayalamalls.com.ph 🚇 乘坐公交Saulog Transit Bus Terminal乘坐LRT1至EDSA Taft Station

绿地购物中心（Greenbelt）

这是马尼拉最大的商场之一，坐落在马尼拉的马卡蒂内。Greenbelt分为Greenbelt 1-5，其中Greenbelt 3走年轻时尚路线，而Greenbelt 1、2、4则走高档路线。新落成的Greenbelt 5集中了多家世界知名品牌的门店，这里还有不少本土知名设计师开设的时装店，是马尼拉的热门购物地点如果逛累了的话，也可以来这里的高级餐厅品味各种精致的料理。另外，Greenbelt商场内有多个著名的绿化空间，游客可以在购物的过程中与自然亲密接触。🏠 Legaspi St.，Legaspi Village, Ayala Center, Makati City 🚇 乘地铁MRT至MRT-3 Ayala Station站下车。

马尼拉及其周边

唐人街（Chinatown）

位于马尼拉的唐人街是华人的社区中心。街区较大，如果想要逛完需要很长一段时间，但是建议尝试一番，寻找一下家乡的感觉。这里与其他华人聚居地一样，街旁中式建筑林立，商业活动围绕金铺、草药店、茶馆和百货商场等展开，另还有月饼、熏香、饰品、古玩等售卖。🏠 Binondo, Manila Metro Manila 🚇前往唐人街，建议乘地铁至 Isetan 站下车，步行可达

迪菲苏利亚市场（Divisoria Market）● (折页 b1)

这里是全市商品最多、品种最丰富的集市，约有 5000 个摊位，喜欢低价商品的游客不妨来这里挑选喜爱的物品，这里从手工艺品、首饰到蔬菜水果应有尽有。🏠 C. M. Recto Ave., North Binondo ⏰ 6:00—20:00

当地精选 ▶ Solidaridad 书店 (折页 b2)

菲律宾最有名的作家弗朗西斯科·西奥尼尔·何塞开设的书店，这里售有菲律宾本土作家以及亚洲各地的文学作品。🏠 Padre Faura St., Ermita ⏰ 9:00—18:00

休闲 / 运动

海洋公园（Ocean Park）(折页 b2)

在巨大的水族馆内，您可以利用潜水装置漫步水底，观赏色彩斑斓的珊瑚鱼和摇曳的鳐鱼。如果不喜欢潜水，也可以徜徉在水下通道内，或者体验鱼疗，让●小鱼为您啄去足底的死皮。🏠 Quirino Grandstand 后 ⏰ 周一至周五 10:00—20:00，周六、周日 9:00—20:00 💰 580 比索起 📞 0 25 67 77 77 @ www.manilaoceanpark.com

夜生活

夜幕降临后，在埃尔米塔、马卡蒂和马拉迪区有数不尽的酒吧、KTV 和音乐吧等着您的光临。特别受欢迎的集聚点主要在马拉迪和马卡蒂

百胜滩瀑布河

菲律宾

地区，如 Hard Rock Café（折页 e4）（🏠 Glorietta 3, Ayala Center 🕐 周日至周四 11:30 至次日 1:00 周五、周六 11:30 至次日 2:00），博尼法西奥环球城的 Embassy（折页 f4）也很适合派对动物。菲律宾文化中心（折页 c4）（🏠 Roxas Blvd 📞 0 28 32 11 25）则更适合戏剧和芭蕾爱好者。位于机场附近的云顶世界（折页 d6）（🏠 Newport Blvd. 🕐 商店 12:00—24:00，餐馆 11:00—24:00，赌场全天候营业 📞 0 28 36 63 33 @ www.rwmanila.com）则集结了购物、餐厅、剧院、音乐厅和赌场等各大娱乐中心。

住宿

The Bayleaf（折页 b2）

这是一家四星级精品酒店，房间大小合适，配备餐厅、健身房和健康中心。亮点是 Sky Deck View 酒吧，可以一览马尼拉城的天际。有 57 间客房。🏠 Calle Muralla, Victoria St., Intramuros ¥ ¥ ¥ 📞 0 23 18 50 00 @ www.thebayleaf.com.ph

Bayview Park Hotel（折页 b2）

该店性价比高，从顶层游泳池可以俯瞰马尼拉海湾的绝美景色。有 283 间客房。🏠 1118 Roxas Blvd.,Ermita ¥ ¥ 📞 0 22 47 90 00 @ www.bayviewparkhotel.com

Malate Pensionne（折页 b3）

旅馆坐落在繁华的旅游区马拉迪，规模虽小但闹中取静。漂亮的花园里有一个小瀑布，带有一间餐馆，门口有咖啡厅。有 22 间客房。🏠 1771 M Adriatico St. ¥ ¥ 📞 0 25 23 83 04 @ www.mpensionne.com.ph

The Oasis Paco Park Hotel（折页 c2）

这是一家地段安静、房屋设计轻巧的现代化精品酒店。配有游泳池，还有一家马尼拉顶级的意大利餐厅。有 45 间客房。🏠 1032—34 Pelen St.,Paco ¥ ¥ ¥ 📞 0 25 21 23 71 @ www.oasispark.com

The Peninsula ●（折页 e4）

酒店设施一流，有着品位不俗、令人印象深刻的大堂。下午茶品质非常不错。有 497 间客房。🏠 Ayala Ave., Makati Ave. ¥ ¥ ¥ 📞 0 28 87 28 88 @ www.manila.peninsula.com

问询中心

旅游信息中心（折页 d4）

🏠 Gil Puyat Ave.（Buendia Ave.）, Makati 📞 0 24 59 52 00 30 @ www.visitmyphilippines.com

周边景点

科雷希多岛（Corregidor）（折页 D6）

这座距离马尼拉 50 千米的小岛曾经是第二次世界大战中日军和美军、菲军鏖战的战场。当地人也称呼它为"岩石堡"，岛上的岩石就像一座移动的战争博物馆。主要景点为马林塔隧道的灯光音乐秀、战时隧道（战时总指挥部）、医院以及兵器库。太阳号游船（📞 0 28 34 68 57-58 @ www.corregidorphilippines.com）早上 8:00 从文化中心（罗哈斯大道）附

马尼拉及其周边

近的轮渡码头发船。🈂 套票（含午餐自助）每人 2350 比索 🕐 回程 15:45

塔尔湖（Lake Taal）★（折页 D6）

这处位于马尼拉南 60 千米处的绝美火山湖由多个火山环抱，包括塔尔火山——世界最小的活火山之一。从阿吉纳尔多高速公路沿湖直入大雅台岭，沿途的山光水色尽收眼底。您可以乘船抵达塔尔火山，攀登火山，也可以在大雅台野餐小树林（Tagay Picnic Grove 🏠阿吉纳尔多高速公路旁）骑马游览，也可以在空中人民花园（Peoples Park in the sky）徒步。因常有凉风袭来，建议带上一件薄外套。🌿 ● Sonya's Secret Garden 提供中午简餐和按摩服务（🏠 Buck Estate，需提前预订席位 📞 0 91 75 33 51 40 🈂 ￥￥￥ @ www.sonyasgarden.com），为您的郊游锦上添花。去程请走南吕宋高速在 Santa Rosa 出口拐出。

百胜滩（Pagsanjan）★（折页 D6）

马尼拉东南方向 100 千米处的小镇因其惊险刺激的漂流项目吸引了大量游客前往。当地人操控着您乘坐的小船，在湍急的百胜滩河中穿过落差达 30 米的 Magdapio 瀑布（🈂 1250 比索）。如果恰逢雨季，这种"极速前进"带来的感官刺激则更加强烈。请走南方高速前往并在 Santa Rosa 出口拐出，然后走乡间公路，途经 Los Baños 到达百胜滩。

机场

马尼拉国际机场（Manila Ninoy Aquino International Airport）

马尼拉国际机场（@ www.manila-airport.net）位于马尼拉市南郊，距离市中心约 10 千米。机场一共有 4 个站楼。T1 航站楼承担除菲航、宿务、亚航外其他航空公司的国际航班服务。T2 航站楼为菲航专用，菲航的国际航班和部分国内航班都位于这个航站楼。T3 航站楼是 4 个航站楼中最大并且设施最好的，目前宿务的国际航班和部分国内航班、亚航的国际航班、菲航的部分国内航班停靠在这个航站楼。T4 航站楼只有亚航国内航班和部分宿务国内航班停靠。

机场内的换乘：航站楼之间的转换需要坐车，有 3 种方式。

第一种是机场内部穿梭巴士，巴士直接走停机坪，换航站楼免费。乘坐机场内部穿梭巴士需要拿着机票行程单去乘车柜台登记。

第二种是打车，机场门口有大量出租车，起步价为黄车 70 比索，白车 40 比索。下面是各航站楼之间的车程时间和大概价格（黄色出租）。

T1—T3：需 20 分钟左右车程，价格在 150 比索左右。

T1—T4：需 10 分钟左右车程，价格在 100 比索左右。

T2—T4：需 20 分钟左右车程，价格在 150 比索左右。

T3—T4：需 10 分钟左右车程，价格在 100 比索左右。

第三种方式是机场外部的穿梭巴士，收费 20 比索每人，时刻表不定，时间充裕的话，可以等待乘坐。

机场到市区的交通：

1. 在机场出口就可以看到停靠的出租车。机场到市区半小时左右，费用 300 比索左右。

2. 突突车。均价在 100 比索左右，是菲律宾最普遍的交通方式。

吕 宋

一趟穿越中央山脉的行程仿佛一场回到过去的旅途。在周边的城镇如巴拿威（Banaue）、巴塔德和萨加达您都可以看到当地人如何造就世界第八大奇迹——★●水稻梯田，这是一个有着2000多年历史的伟大杰作。

至今仍有伊富高、卡林加或邦托克族人遵循其祖先的耕作方式在这片土地上耕耘。不过您还需要有一点冒险精神和耐力，才能到达这个海拔2000多米、1995年即被联合国教科文组织评为世界文化遗产的地方。吕宋岛东南部也有很多引人入胜之地。比科尔（Bicol）半岛的马荣火山因其几乎完美的圆锥形状被誉为"全球最美的火山"之一。半岛西海岸因为有"世界上最大的鱼"也吸引了无数游客，每年2—5月您都有机会在那里与鲸鲨共舞。

碧瑶

（Baguio）（折页D4）美占时期碧瑶（人口35万）被视作夏日避暑的绝佳去处。如今富有的马尼拉人会在炎炎夏日搬到这里，住进他们位于海拔1500米的避暑山庄。尽管这里经常交通拥堵，但是作为您前往巴拿威和萨加达的中转站，碧瑶值得一去。

景点

植物园（Botanical Garden）
大面积的绿地上散落着仿制的伊哥洛特木屋。您可以在这里慢慢散步和休闲。这个公园也是碧瑶大学生喜欢去的地方。🏠 Leonard Wood Road
🕐 7:00—19:00

上图：巴塔德的水稻梯田

菲律宾最大的岛屿凭借其水稻梯田和马荣火山吸引了无数游客。

伯纳姆公园（Burnham Park）

您可以在市中心的广阔公园内漫步，徜徉于一排排五针松之间，也可泛舟于湖面。🏠 碧瑶市中心 ¥ 租船150比索每小时

卢尔德石窟（Lourdes Grotto）

爬上252级台阶，到达西班牙教士曾经做礼拜用的岩洞，极目远眺，整座城市绿树掩映，景色秀丽。
🏠 Dominican Road

美食

Café by the Ruins

半开放的花园餐厅氛围极佳，供应山地特色菜肴和饮料，适合西方人口味。🏠 25 Chuntug St. ⓒ 11:00—21:00 ¥¥¥ ☎ 07 44 42 40 10

从这里出发

伯纳姆公园：在琳琅满目的商业街逛累了，可以去这座碧瑶市中心的公园呼吸一下新鲜空气。从这里搭乘出租车只需几分钟便可到达植物园，您可以在那里安心休憩。

当地锦囊 ▶ Oh My Gulay

这是当地最棒的素食餐馆（gulay

菲律宾

碧瑶人手工制作的漂亮银饰

就是蔬菜的意思）。这家餐厅是菲律宾著名导演奇拉·塔西米克开的，营业时间不太固定，餐厅集美食与艺术画廊于一体。🏠 La Azotea Building（4楼），Session Road 🕐 周二至周日 11:00—20:30 ¥ ¥¥ 📞 07 44 42 31 68

购物

沿着 Session 路可以在各种小店里淘到藤制篮子、有传统图案的编织工艺品和银饰品。

城市集市（City Market）

集市就像一个巨大的水果和蔬菜篮，特别推荐草莓、草莓酒或果酱。🏠 Magsaysay Ave. 🕐 每日开放

织品厂（Easter Weaving Room）

各类纺织品物美价廉。🏠 Easter Road 🕐 周一至周六 8:00—17:00，周日 9:00—17:00 @ www.easterweaving.com

住宿

Casa Vallejo

这家时髦的精品酒店曾经是美军的住房。有 26 间客房。🏠 Upper Session Road ¥ ¥¥ 📞 07 44 24 33 97 @ www.casavallejobaguio.com

Hotel Veniz

这家现代风格的酒店提供舒适的房间以及意大利风味的餐厅，性价比较高，离伯纳姆公园仅几步之遥。有 100 间客房。🏠 Abanao St. ¥ ¥~ ¥¥ 📞 07 44 46 07 00 03 @ www.hotelveniz.com

Ridgewood Residence

该店地段安静，为现代化风格。有 51 间客房。🏠 17 Julian Felipe St. ¥ ¥¥ 📞 07 44 46 62 95 @ www.ridgewoodhotel.com

问询中心

旅游局

🏠 Governor Pack Road 📞 07 44

吕宋

42 70 14 @ www.cityofpines.com

周边景点

推荐景点 谭阿万艺术村（Tama-awan Village）（折页 C4）

该艺术村位于碧瑶中心西北方向 8 千米处，集聚了画家、雕刻家和手工编织家，定期举办活动。内有咖啡馆、商店和住宿。🏠 Tacay Road 📞 07 44 46 29 49 @ www.tam-awanvillage.com

巴拿威

（Banaue）（折页 D4）巴拿威位于海拔 1200 米处，隶属于伊富高地区。

巴拿威（人口 1.5 万）本身对游客的吸引力并不是很大，但是它胜在位置绝佳，因为其周边环绕着被誉为"世界第八大奇迹"的水稻梯田。从碧瑶坐大巴前往巴拿威约需 9 个小时，从马尼拉出发的夜车也差不多需要这么久。您需要带足够的现金，因为这里没有银行。最佳旅游季为 3 月至 4 月，那时的梯田绿油油的非常漂亮。12 月至次年 1 月气温会在 15 摄氏度以下。巴拿威水稻梯田附近没有具体的路名，您可能需要多问问路。

景点

巴拿威博物馆（Banaue Museum）

馆内陈列着山地居民平日的衣物、照片以及其他日常生活用品。🕐 开放时间详询 Banaue View Inn 酒店 🏠 位于 Banaue View Inn 旁 ¥ 50 比索

观景点（View Point）

往邦托克方向行驶一小段距离，便可以到达一个有纪念品商店的观景台，可以看到如明信片般美丽的梯田全貌。还可以花一点钱租借传统的伊富高服饰拍照。

美食

当地绝大多数餐馆 21:00 关门。Las Vegas（¥¥）营造宽松的用餐环境，提供简单的菜肴、音乐和网络。在 Sanafe Lodge（¥¥）的内院可以观赏落日余晖中的梯田美景。

住宿

Banaue Hotel

这家巴拿威最大最贵的旅馆自带餐厅和游泳池，位于城外。有时会有民俗表演。有 81 间客房。¥ ¥ ¥ 📞 07 43 86 40 87 @ www.banaue.info/banauehotel.html

---

必游景点

★ **水稻梯田**
这里被誉为"世界第八大奇迹""天国的阶梯"，是人类农业生产活动的伟大杰作。→ P.46

★ **栋索尔**
与鲸鲨一起游泳。→ P.50

★ **萨加达**
漫步于伊哥洛特圣城。→ P.51

★ **维甘**
西班牙殖民时期的小城。→ P.52

菲律宾

巴拿威视觉宾馆（Banaue View Inn）🥾

旅店陈设简单，但游客可以眺望窗外的梯田景观。店主有着丰富的徒步旅行经验，通晓该地区历史。有11间客房。¥ ¥ 📞 0 91 66 94 45 11

问询中心

旅游办公室位于 Tourist Office 公交车站附近。

周边景点

巴塔德（Batad）🥾（折页 D4）

位于巴拿威以东的小镇，有着绝佳的风景。陡峭连绵的梯田偎依着这个隐于山谷里的小镇。

从巴拿威出发可以包一辆吉普尼（¥ 2800 比索，最多坐 14 人）或三轮车（¥ 1000 比索，最多坐 3 人）驱车 18 千米便可达到巴塔德观景点。在那只需步行一小会儿便可进入村庄。如果想要徒步欣赏巴塔德地区更美的风景，您还是需要一个向导。两家旅店提供简单干净的住宿，都有餐厅，但仅能阶段性供电。🏠 Rita's Mount View Inn ¥ ¥ 📞 0 91 08 42 30 76 以及 Simon's View Point Inn ¥ ¥ 📞 0 91 92 61 59 66

比科尔

（Bicol）（折页 E6-F7）吕宋东南方向的比科尔半岛除了有辛辣的名为 Bicol Express 的食物，还有其他引人入胜之处——仍然活跃的马荣火山和栋索尔鲸鲨。

从马尼拉坐飞机（50 分钟）即可达到阿尔拜省（Albay）的首府黎牙实比。

景点

栋索尔 ★● （折页 F7）

每年的 2 月至 5 月鲸鲨都会在附近的海域出现，您有机会和这个"温柔的巨人"一同浮潜（最好带上潜水设备），深潜是被禁止的。从黎牙实比坐大巴约 2 小时可达。最好的度假村为 Elysia Beach Resort（有 24 间客房 📞 0 91 75 47 44 66 @ www.elysia-donsol.com ¥ ¥ ¥ ）。在访客中心（🕐 7:30—17:00 📞 0 91 97 07 03 94）处可租借带有船员的船只 3 小时（¥ 约 7420 比索，最多可乘 6 人）。请和鲸鲨至少保持 3 米的距离，拍照不要使用闪光灯（@ www.donsol whaleshark.net）。

当地锦囊 ▶ BA Racuda（¥ ¥ ¥）供应整个海滩上最棒的食物和鸡尾酒。

省钱有道

去碧瑶的游客不妨试试 Baden Powell Hotel（有 16 间客房 🏠 Gov. Pack Road, Session Road 📞 07 44 22 05 88），比城中心的旅店性价比要高不少。离大巴客运站很近。

伊富高工坊（🏠 位于 Asin 路，城中心西面 4 千米处 🕐 周一至周五 9:00—18:00，周六 9:00—14:00）的雕刻和编制工艺品（如雕刻的稻神）要比纪念品商店或酒店出售的便宜些。

吕宋

黎牙实比城（Legazpi City）（折页 F7）

作为阿尔拜省（Albay）的首府，这座城市相对缺乏吸引力，但却是通往马荣火山和栋索尔的一个不错的起点。您可以在 Hotel St. Ellis（有68间客房 🏠 Rizal St. 📞 05 24 80 80 88 @ www.hotelstellis.com.ph ￥￥￥）住宿。如果想试试比科尔小炒或是其他用椰奶烹饪的美食，可以去 Waway's Restaurant（🏠 Peñaranda St. 🕚 11:00—14:00 周一至周六 17:30—20:30 ￥￥ 📞 05 24 80 84 15）。

马荣火山（折页 F7）

这座海拔2642米的火山雄伟地屹立在旷野之上，造型几乎接近完美。2013年5月，3名德国登山队员在此遇险。

萨加达

（Sagada）（折页 D4）★萨加达距巴拿威约70千米（人口1.1万），以当地的"悬棺"闻名。

被伊哥洛特人称为"山民"的人们数百年来都会将死者的棺木悬挂在山崖或嵌入岩壁里。这个海拔1500米的地区相较巴拿威仍然比较原始。

景点

回音谷（Echo Valley）

从墓地沿着一条小径步行约2小时可达山谷，伊哥洛特人把这里视为神圣的陵园。因为路不是很好找，建议您在旅游中心请一个向导（￥500比索）。

甘杜廷博物馆（Ganduyan Museum）

小型博物馆是伊哥洛特文化的一个缩影，展出传统的家居用品、农具、兵器、纺织品还有珠宝，如蛇骨制成的项链等。英语解说员知识储备丰富，幽默风趣。🕚 9:00—18:00 ￥25比索，为提高展出质量，希望旅客捐款。

龙眠洞 ●

从萨加达市中心向南步行约30

这里看起来很平静，但马荣火山时不时会隆隆作响

菲律宾

分钟即可到达。并不一定要找向导，但是需要带一个手电筒。

美食 / 住宿

当地精选 ▶ Masferre Country Inn & Restaurant

简单的住宿、适宜的餐厅。悬挂着的中央山脉的照片营造了一种特殊的氛围。有10间客房。🏠 萨加达市政厅南翼 ¥ ¥ ☎ 0 91 83 41 61 64 @ www.masferre.blogspot.de

St.Joseph's Rest House

位于市场东北角，花园中有舒适的农舍小屋。有乡村小屋5座和客房40间。¥ ¥ ☎ 0 91 85 59 59 34 @ short.travel/phil10

购物

萨加达编织店

店内出售伊哥洛特风格的服饰、背包和毛毯。🏠 通往邦托克的路上 🕗 8:00—18:00

问询中心

游客信息中心

🏠 市政厅主路 ☎ 0 99 99 91 18 01

维甘

（Vigan）（折页C3）吕宋北部最美的地方之一便是枕海而卧的★维甘（人口4.5万），它也被誉为"菲律宾的西班牙城"。

维甘在联合国教科文组织的资助下修缮了180座历史建筑，设立了维甘文化遗产村。然而历史又很讽刺：维甘曾经是菲律宾对抗西班牙殖民统治的中心。可以在鹅卵石铺筑的路面上散步，或者坐观光马车calesa欣赏沿途风光。

景点

梅斯蒂索区（Mestizo District）

旧城区有许多保存完好的典型西班牙建筑。您还可以留意一下建筑上的中国元素，比如石刻的龙雕。

岌岌可危的文化遗产

伊富高的山地原住民将2000多年前开垦的水稻梯田称为"天国的阶梯"，而水稻梯田确实也如天国的鬼斧神工般令人着迷。多达100级的梯田配备一个完美绝伦的灌溉系统。但是这个"世界第八大奇迹"正在遭受威胁，地震、虫害、水资源紧缺和旅游业过度开发等都对它带来负面影响。

许多当地年轻人如今更愿意从事一些相对轻松的工作，如向导或服务生，而不愿意再去梯田辛苦劳作。结果便是，巴拿威有时需要进口粮食。因此请您保护好当地的自然资源尤其是水资源。另外也请您接受一些生活上的限制，偶尔没有电和电话其实也是可以生活的。

吕宋

圣帕布洛博物馆（Museo San Pablo）

参观重点是这里的宗教文物。一位19世纪末在维甘生活过的德国人拍摄的图片展也十分有趣。🏠 圣保罗大教堂 🕐 周二至周日 9:00—12:00，13:00—17:00 ¥ 20 比索

伊洛戈国家博物馆（National Museum Llocos）

这里曾经是Jose Burgos（1837—1872年）神父的故居，他是反抗西班牙殖民统治的先驱。故居和曾经的省级监狱共同组成了如今的伊洛戈国家博物馆，直观地向游客展示该地区的文化和历史。🏠 Burgos St. 🕐 10:00—17:00 ¥ 80 比索

圣保罗大教堂（St.Paul'Catheral）

这是该国最古老的教堂之一（建于17世纪），古老厚重的墙壁即使在地震中也能保护教堂免受损害。🏠 Burgos Square

美食

Café Leona

这里是女诗人Leona Florentino（1849—1884年）的故居，您可以在这里品尝pinakbit（鲜虾或鱼肉蔬菜汤）。🏠 5 Mena Crisologo St. 🕐 8:00—22:00 ¥ ¥¥

Kusina Felicitas

此为菲律宾和伊洛戈地区的特色菜。🏠 Grandpa's Inn，Bonifacio St. Quirino Blvd. 🕐 11:00—22:00 ☎ 0 92 09 67 06 08 ¥ ¥¥

购物

维甘以燃木烤炉烧制的陶器闻名。在戈麦斯街有手工作坊以及商店。

精美的雕花装饰：梅斯蒂索区的殖民时代房屋

住宿

Vigan Plaza Hotel

西班牙风格楼宇搭配现代风格的内饰。有29间客房。🏠 Burgos Square ¥ ¥¥~¥¥¥ ☎ 07 77 22 85 53 @ www.viganplazahotel.com

安吉拉度假山庄

这幢19世纪的别墅提供住宿，有舒适的软床，也可以在阅读室、音乐室、沙龙或者花园里休憩。有6间客房。🏠 26 Quirino Blvd. ¥ ¥~¥¥ ☎ 07 77 22 29 14 @ www.villangela.com

问询中心

北伊洛戈旅游信息中心

🏠 1 Chrisologo St. ☎ 0 92 79 18 88 92 @ www.vigancity.gov.ph

民都洛

民都洛岛有细腻的沙滩、世界一流的潜水胜地，还有位于马尼拉以南150千米处的原始森林。自20世纪70年代后期第一个背包客来到这里以后，民都洛渐渐被越来越多的外国游客所喜爱。

该岛的名字民都洛源于西班牙语"金矿"（mina de oro），现在成了度假村和酒店老板们的淘金之地。值得庆幸的是，这里并没有以毁坏腹地为代价来发展旅游业。海滩边上并没有建立高楼大厦，因此有些度假村的房子彼此挨得有点近。这座菲律宾第七大岛屿为游客提供了许多度假村。或安静或热闹的海滩以及丰富的海底世界，吸引了大量潜水爱好者到来。岛上最高峰海拔超过2500米，将民都洛纵切为东西两部分，东部吸引了更多游客，数百年来，中国人将此作为商业中心以从事贸易活动如今，位于东民都洛海豚湾（Puerto Galera）和沙班附近的海滩已是马尼拉和海外休闲游客喜爱的度假场所。因为当地还没有机场，您可以选择乘坐大巴或船到达这里。

海豚湾

（Puerto Galera）（折页D7）
这里是当地的★天然良港（人口2.2万），也是世界上最美的海滩之一。

上图：阿波岛教堂礁

> 在民都洛您可以享受现代夜生活，也能亲近自然——美丽的沙滩上既有尘世歌舞的喧嚣，也有世外桃源般的宁静。

早前西班牙人便在这风景如画的海湾躲避台风天气，如今 Muelle 码头停满了来自八打雁港（Batangas）的轮渡和吊杆船。

海豚湾地区有着菲律宾最佳的潜水地和设备精良的潜水培训学校。

景点

考古博物馆（Excavation Museum）

博物馆展出了中国不同朝代出土的文物以及有几百年历史的菲律宾陶器。🏠 位于教堂旁边 🕐 周日 8:00—11:30，13:30—17:00 ¥ 免费

美食

Pier Pub Pizza

伴着码头五彩斑斓的美景、船只的来来往往，您可以在 Muelle 码头品尝各种口味的比萨。🏠 Muelle 码头 🕐 11:00—22:00 ¥ ¥

菲律宾

通向民都洛度假热门地沙班

Fishermen's Cove
主厨 Giuseppe 每日亲自安排潜水活动或沙滩派对，晚餐通常有自制意大利面，适合家庭聚餐。同时可以安排带向导的漂流或山地自行车骑行活动。有 17 间客房，3 套乡间别墅。¥ ¥ ¥ 📞 0 91 75 33 29 85 @ www.fishermenscove.com

住宿

海豚湾附近没有特别著名的海滩，度假村都在镇外的海滩边。

Coco Beach Island Resort
这是具有当地风情的热门度假胜地，拥有由菲律宾家庭提供的 ==个性化服务==。这里同时有浅滩，游泳池，提供儿童看护及潜水培训服务。有 110 间客房。¥ ¥ ¥ 📞 0 91 78 83 93 34 @ www.cocobeach.com

Kalaw Place 🌿👽
酒店建筑材料均采用天然材料，非常注重细节设计，环境优美，热带风情十足。厨房供应新鲜的用当地食材做成的料理，食材均来自于酒店自营的有机菜园，另外还有专门为素食者提供的菜肴。对于自然爱好者以及喜欢清静又不想错过海豚湾美景的游客来说是不二之选。酒店拥有私人码头，游客可搭船到民都洛其他海滩。有 8 间客房和 2 套乡村别墅。¥ ¥ ¥ 📞 0 91 75 32 26 17 @ www.kalawplace.com.ph

民都洛

问询中心

游客中心

🏠 Muelle 码头附近 ☎ 0 91 51 88 57 89

周边景点

塔里潘拉（Talipanan）（折页 D7）

向西距海豚湾 8 千米的塔里潘拉除了海滩以外并没有其他热闹的娱乐设施，不同于沙班的热闹喧嚣，当地精华 塔里潘拉海滩有的只是宁静和清澈见底的海水。您也可以在其腹地徒步，欣赏芒扬（Mangyan）的秀丽风光，沿河边的小径步行约 20 分钟可达塔里潘拉瀑布（Talipanan Waterfalls），您可以在瀑布下的天然水潭里游泳。约花 500 比索可以请一位芒扬当地向导带您去 Malasimbo 山或塔里潘拉山（Mt. Talipanan）。

您可以在山海滩度假村留宿（有 12 间客房，2 套乡村别墅 ¥ ¥ ☎ 0 90 63 62 54 06 @ www.mountainbeachresort.com），酒店并不大，但地理位置极佳，紧邻海滩。房间较为简单干净，有家庭氛围。餐厅提供当地菜肴。

当地精华 塔玛劳瀑布（Tamaraw Falls）（折页 D7）

从海豚湾出发，乘坐吉普尼沿着弯弯曲曲的公路向卡拉潘（Calapan）方向行驶约 14 千米，半小时后便可到达塔玛劳瀑布。您可以在落差 30 米的天然水潭里游泳。岸边的木制长凳上撑有遮阳伞，您也可以在那里野餐，边上有家小店售卖零食和多种饮料。

☎ 7:00—17:00 ¥ 20 比索

沙班

（Sabang）（折页 D7）这里旅游业兴旺发达，在沙班海滩（Sabang Beach）或大小拉古纳海滩（La Laguna Beach）有着密密麻麻的度假酒店。酒吧或迪厅里的人群经常玩到黎明。

沙班（Sabang）有着矛盾的一面。它既是违法外国人的避难场所，又有世界一流的深潜或浮潜基地，以及设施精良的度假村。由吕宋岛的八打雁开来的吊杆船就停泊在沙班的海岸边。

美食

这里餐馆林立，提供各种口味的美食，大多数餐馆只在夜间关闭数小时。

Hemingway's Bistrot

提供牛排、鱼类、面食等，周日甚至提供巴伐利亚德式早餐。

必游景点

★天然良港
海豚湾天然港可以作为任何一部海盗题材电影的拍摄地。
→ P.54

★阿波礁国家公园
最有名的潜水胜地，以绚烂迷人的珊瑚礁著称，游动在其中的还有鲨鱼、鳐鱼和海龟等。
→ P.59

★弗得岛
海底世界的世界冠军。→ P.59

菲律宾

在弗得岛必做之事是潜水,没有哪里的水底世界有这般精彩

🏠 沙班海滩 🕐 7:30—23:00 ¥ ¥ ¥ ~ ¥ ¥ ¥ 📞 0 92 02 06 05 53 @ www.heming waysbistrot.com

Tamarind Restaurant

历史悠久的海滨餐馆,提供亚洲风味菜肴。🏠 沙班海滩 🕐 8:00—24:00 ¥ ¥ ¥ 📞 04 32 87 30 85

休闲 / 运动

群山环抱、草木茂密的腹地拥有众多瀑布,也为游客提供了许多户外运动机会,如 当地 随意 ▶ 峡谷漂流、山地自行车等。有一些度假村也会组织各种活动(¥ 人均 20 欧元起)。

潜水

沙班附近有许多风景绝美的潜水地点,同时也有许多设施精良的潜水学校。

夜生活

对夜猫子来说沙班是个理想的旅游地,可以通宵达旦地在夜店如 Centrum Disco 或 Big Apple 狂欢。

芝扬民族

7 个部落组成了民都洛的原住民芒扬民族。居住于岛屿东南面的哈努诺人认为自己是真正的芒扬民族,这也体现在他们的名字上。早先岛民在海边捕鱼为生,直到新移民到来,迫使他们逃往深山。

他们至今仍保留着自己的传统习俗和方言,常见的有传统的缠式服装。在菲律宾他们没有得到应有的重视,同时饱受剥削。如果您在沙班买芒扬编织品,编织工仅能从中获得很小的一部分收益。

民都洛

住宿

Atlantis Resort Hotel
这可能是当地位置最好、星级最高的酒店。德式管理,配有意大利餐厅和五星级的潜水中心。有40间客房。¥¥¥¥ 04 32 87 30 66 @ www.atlantishotel.com

Encenada Beach Resort
如果您想要一个远离夜生活的海滩假期,那里就是一个不错的选择。在对着大海的餐厅吃早餐的时候您就可以计划一下,接下来是深潜、浮潜还是干脆看一本书,慵懒地度过一天。有36间客房。¥¥ 04 32 87 30 83 @ www.encenadabeachresort.com

La Laguna Beach Club
位于大拉古纳海滩(Big La Laguna Beach),位置绝佳。用竹材和木材建造的两层小楼,带游泳池、餐厅和潜水学校。有41间客房。¥ ¥¥~¥¥¥ 0 91 77 94 03 23 @ www.llbc.com.ph

Steps Garden Resort
位于山坡上,有开阔视野,性价比高。有带空调的漂亮洋房,配备餐厅和游泳池。有28间客房。¥ ¥~¥¥ 04 32 87 30 46 @ www.stepsgarden.com

周边景点

阿波礁国家公园(Apo Reef National Park) ★(折页C7)
这个在国际上享有盛誉的潜水地位于民都洛西海岸30千米处。遇见鲨鱼、鳐鱼和海龟的最佳时节为每年的3月—5月。

阿波礁也是无数潜水爱好者的朝圣地。沙班一些潜水学校会直接驾驶游艇出海,如 Atlantis Resort(¥ 豪华舱7晚的价格约1750欧元)。

弗得岛(Verde Island) ★(折页D7)
对于有经验的潜水员来说,岛前海域那段高达80米的惊人落差是他们心照不宣的秘密。经国际海洋生物学家证实,这里的水下世界独一无二。弗得岛海域的生物多样性全球领先,每立方水中的海洋生物总数排名全球第一。无论从海豚湾还是从沙班出发,都可以将这个位于民都洛北方的岛屿列为一日游景点。您也可以在弗得岛海滩度假村留宿(27间乡村别墅 ¥ ¥¥ 0 24 33 75 32)。

省钱有道

Sikat 大巴是既方便又实惠的交通工具。 1315 Mabini St. 8:30 从 City State Tower Hotel 发车 ¥ 往返票含轮渡约人民币240元

对住宿要求不高的游客可以在沙班及其邻近海滩附近租住民宿,即所谓的"home stays"。每晚约人民币80元,如果住的时间久,还可以再便宜一些。

雷鬼音乐、低价素食和晚间的篝火——位于热闹白沙滩上的 Coco Aroma 吸引了无数喜爱探险的游客。

米沙鄢群岛

欢迎您来到天堂般的米沙鄢（Visayas）群岛。毫不夸张地说，这里有延绵数千米的海岸线和梦幻般的海滩。

米沙鄢群岛位于菲律宾群岛的中部，北边是吕宋，南边是棉兰老岛，西面是巴拉望。450年前，葡萄牙航海家麦哲伦和西班牙征服者米格尔·洛佩斯·德·黎牙实比登陆菲律宾，并将此地辟为西班牙王室殖民地，这里长期是全岛国的中心。

米沙鄢群岛为游客提供了广泛的选择空间：薄荷岛、长滩岛、宿务和内格罗斯以它们细腻的沙滩、壮观的海底世界、历史遗迹和热带丛林争当最美小岛、竞相吸引游客前往。得益于便捷的水运和空运交通，您可以在这些岛屿间随意穿梭。您也不必担心花费，找到物美价廉的住宿并不是很难。米沙鄢群岛有许多小岛仿佛沉睡中的睡美人，风景一流但是没有太多先进的基础设施，适合喜爱探索并有着充裕时间的游客。在一些已经开发完善的岛屿，您也可以尝试浮潜、深潜、丛林探险，还可以去海边观赏海豚表演。

上图：邦劳岛（Panglao Island）的海滩

热带天堂的梦幻海滩：想寻找一个有椰林和珊瑚礁的美丽小岛？那米沙鄢群岛是您正确的选择！

薄荷岛与邦劳岛

(Bohol & Panglao Island)（折页 F-G 9-10）从马尼拉出发，仅需1小时飞机航程就可到达梦幻般的热带小岛薄荷岛，这里拥有成排的棕榈树和五彩斑斓的珊瑚礁。岛的中央耸立着巧克力山。

作为菲律宾的第十大岛，这里有着独特的景观地貌：巧克力山海拔1000多米，因在旱季远望呈棕色而得名。而在周围的丛林地区藏匿着很多害羞的眼镜猴，它们是世界上最小的灵长类动物。

成功拿下薄荷岛对于西班牙统治菲律宾来说是关键的一步。1565年黎牙实比和薄荷岛的酋长 Sikatuna 歃血

菲律宾

游船及自助餐：泛舟于碧绿的洛博克河上可以得到双重享受

为盟。

《血盟》(Blood Compact)是东西方世界订立的第一个协议，18世纪，薄荷岛的人民为重获自由而奋战几十年，最终战胜了西班牙殖民者。

如今，战争年代已过去久远，薄荷岛的人民友好含蓄，游客只需要留心别被掉下的椰子砸中脑袋即可。

说到薄荷岛的海滩度假之旅不得不提邦劳岛（折页F10），这个位于薄荷岛南方的小岛通过两座桥与薄荷岛相连，从塔比拉兰（Tagbilaran）机场搭乘飞机20分钟即可到达。小岛最有名的海滩是位于东南部约1000米的阿罗纳海滩（Alona Beach），附近密布着数不尽的度假村和潜水学校。还有一些美丽但并不热门的海滩，如位于东侧的杜马路安海滩（Dumaloan Beach）和位于岛屿西北侧的都吼海滩（Doljo Beach）。

晒日光浴或游泳的时候可能会遇到一点小障碍，某些地方海岸边会出现较多的海藻和海胆。

景点

巴卡容教堂(Baclayon Church)（折页F10）

距离首府塔比拉兰约5千米的小城巴卡容拥有菲律宾最古老的石造教堂。1595年西班牙神父修建了这座教堂和钟楼，如今亟待修缮。

巧克力山 ★（折页F10）

从飞机上望下去，这座山的形态就像整齐排列的巧克力糖果。山体形成于1268年的地质运动，多数山丘约40米，有一些可达120米。因旱季（12月至次年4月）其棕色的颜色而得名。对于其地貌的成因研究人员也尚存疑问，有一种可能是由远古时期

米沙鄢群岛

残余地下水的作用形成。当地岛民更愿意相信一个传说,巨人亚罗格在他的爱人阿拉雅去世以后悲痛欲绝,流下的泪水化成了一座座小山丘,成为今天的巧克力山。

您可以乘坐出租车前往,推荐一位司机 Jude M.Ybas（📞 0 91 73 56 58 58 @ jmybas@yahoo.com）,英语说得非常好。当地并没有带路标的散步路线,可以让当地人开着轻便摩托车带您上山（约300比索）。邦劳的度假村会组织去巧克力山的一日游。如果想去拍巧克力山的日落,可以去位于山脚下简约的巧克力山酒店（11间客房¥ ¥ 0 91 96 80 04 92）,或者去位于200级台阶处的观景平台。

希纳达南岩洞（Hinagdanan Cave）（折页F10）

这座位于邦劳北部的岩洞人迹罕至,却有石笋、石钟乳和一个小型山洞湖。🏠 Bingag ⌚ 8:00—16:00 ¥ 25比索

洛博克（Loboc）（折页F10）

这座位于塔比拉兰西面25千米处的小城（人口1.6万）紧靠翡翠般碧绿的洛博克河。这座城市最著名的景点就是17世纪建造的圣佩德罗教堂以及其描述1876年洪灾的穹顶壁画,还有教区博物馆（⌚ 周一至周六 8:45—11:45、13:00—16:45,周日 8:00—10:00 ¥ 20比索）。同时不要错过🚤乘船前往 Tontonan Falls 的机会,大型竹筏上还有 当地特色 ▶水上餐厅,您可以边欣赏美景边享受可口的自助餐。

塔比拉兰（折页F10）

薄荷岛首府（人口约10万）坐拥该岛屿最重要的港口、机场,是全岛的交通枢纽。像许多菲律宾城市一样,塔比拉兰对游客来说少了点吸引力,但是如果要前往旅行腹地,这里是个不错的出发点。Carlos P. Garcia House（🏠 A Hontanosas St., F. Rocha St. ⌚ 周一至周六 8:00—12:00,13:00—17:00 ¥ 免费）早前是第四任总统的居所,现如今是薄荷岛的家具博物馆以及名人纪念馆,纪念这位出自薄荷岛的名人。

菲律宾眼镜猴保护区（Philippine Tarsier Sanctuary）★ ●（折页 F10）

锡卡图纳（Sikatuna）附近（从

必游景点

★巧克力山
薄荷岛中心的奇妙群山。→ P.62

★菲律宾眼镜猴保护区
看看亚洲最小的灵长类动物。→ P.63

★帕米拉坎岛
和平捕鲸。→ P.66

★白沙滩
天堂般的沙滩长约4千米。→ P.67

★锡莱
制糖业大亨的宏伟豪宅。→ P.78

★锡基霍尔
精神治疗师的王国。→ P.82

菲律宾

塔比拉兰驱车约30分钟路程）有一个亚洲最小的灵长类动物的保护区，但是这种手掌大小、濒临灭绝的动物还是难逃被当作宠物非法出售的厄运。在向导的介绍下可以了解关于这个物种的基本知识。作为夜行动物，它们依靠灵活的耳朵和能够180度旋转的脑袋在夜间捕食昆虫。🏠 Corella ⏰ 9:00—16:00 ¥ 50比索 @ www.tarsierfoundation.org

美食

在邦劳著名的阿罗纳海滩您会发现一些隶属于度假村的餐厅和大量的小吃摊。

Alona Tropical

与度假村同名的餐厅，供应当地菜肴和海鲜。🏠 阿罗纳海滩，邦劳岛 ⏰ 7:00—22:30 ¥¥ 📞 03 85 02 90 24

Garden Cafe

大教堂旁的咖啡馆，除了菲律宾食物外还有美式菜肴，另外服务生和厨师有不少是有视觉、听觉障碍的人。🏠 Torralba St., Tagbilaran ⏰ 6:30—22:00 ¥ 📞 03 84 11 37 01

Joving's by the Sea

位于港口高地，供应新鲜的海鲜和鱼类。🏠 Main Wharf, Tagbilaran ⏰ 10:00—21:00 ¥¥¥

休闲/运动

浮潜和深潜

邦劳岛被珊瑚礁包围，在阿罗纳海滩您可以获得优惠的套餐报价，包含潜水和住宿。比如 Alona Divers（@ www.alonadivers.com）和 Sea Explorers（@ www.sea-explorers.com）潜水学校。

徒步和山地自行车

薄荷岛丛林洛博克河沿线有很多适宜徒步和骑行活动的地点。比如位于洛博克河的 当地推荐 ▶ Nuts Huts 度假村有16间客房及1间可睡20人的大通铺（¥¥ 📞 0 92 08 46 15 59 @ www.nutshuts.org），想在薄荷岛度假的游客可以来这里试试。

菲律宾稀有动物

菲律宾的动物种类相当繁多，在世界范围来看也是比较罕见的。有一些物种的数量十分稀少，例如生活在巴拉望地区的鼷鹿（mouse deer），是全球最小的鹿类。在吕宋有一种当地人称为 sinaparan 的淡水鱼，其身长仅1厘米。而在薄荷岛的丛林中栖息着亚洲最小的灵长类动物——眼镜猴（tarsier）。

然而随着栖息地的不断减少以及人类愈演愈烈的捕猎活动，它们面临着严重的威胁。生存环境同样恶劣的还有民都洛水牛（tamaraw）和世界上最大的鹰菲律宾老鹰，这种珍贵的飞禽目前在民都洛丛林里可能仅剩100来只。菲律宾人正在通过建立保护区和人工繁殖计划保护这些珍稀物种。

米沙鄢群岛

住宿

Amorita ✴
该店位于阿罗纳海滩北部的悬崖，环境舒适，注重客户体验和享受。有34间客房。🏠邦劳岛 ¥ ¥¥ 📞 03 85 02 90 02 @ www.amoritaresort.com

Alona Vida Beach Resort
该度假村建筑主要选用天然材料，房间分布在3层小楼中，宽敞舒适且每间都配有空调和露台。度假村自带餐厅、酒吧、游泳池和潜水学校。有12间客房。🏠阿罗纳海滩，邦劳岛 ¥ ¥¥~¥¥¥ 📞 03 85 02 91 80 @ www.alonavida.com

Bohol Bee Farm 🌿
这座家庭式的生态度假胜地，位置优越，周边环境优美，吸引了众多游客前来。建筑主要使用自然木材，供应的食物也为有机食品。有40间客房。🏠丽宝海滩（Libaong Beach），邦劳岛 ¥ ¥¥~¥¥¥ 📞 0 91 73 04 14 91 @ www.boholbeefarm.com

Bohol Divers Resort
该酒店位于阿罗纳海滩的西端，自带超大游泳池、游乐场和潜水中心。有时会有震耳欲聋的音乐响彻"好心情"广场。有63间客房，1间木屋。🏠阿罗纳海滩，邦劳岛 ¥ ¥¥~¥¥¥ 📞 03 85 02 90 47 @ boholdiversresort@ymail.com

Metroceter Hotel
这家位于塔比拉兰中心的现代化新型酒店，带游泳池、健身馆和舞厅。有142间客房。🏠C.P.Garcia Ave.

眼镜猴：手掌大小的猴子有着巨大的双眼

¥ ¥¥~¥¥¥¥ 📞 03 84 11 25 99 @ www.metrocentrehotel.com

Panglo Island Nature Resort
该度假村坐落于美丽的花园内，设施非常人性化，富有热带氛围。乡村别墅和客房建材均为天然木材。配备游泳池、慢跑道和健身房，适合喜欢运动的游客。在海滩上还可以体验皮划艇项目。有68间客房。🏠Bingag，邦劳岛 ¥ ¥¥¥ 📞 03 84 11 58 78 @ www.panglaoisland.com

问询中心

薄荷岛旅游中心
🏠总督府 C. P. Garcia Ave.，塔比拉兰 📞 03 84 12 36 66 @ www.bohol.ph

菲律宾

周边景点

巴里卡萨岛（Balicasag Island）
（折页 F10）

位于邦劳岛西南方的小岛巴里卡萨岛是浮潜、深潜爱好者的天堂，运气好的话还能见到罕见的大海龟。瑰丽的水下世界受到海军方面的保护。💰从阿罗纳海滩出发的半日游每人约1200比索。

帕米拉坎岛（Pamilacan Island）
★（折页 F10）

该岛位于邦劳东南方向约20千米处，过去很长一段时间岛民以捕鲸为生。如今他们只是驾船载着游客出海，近距离观赏鲸鱼和海豚。一日游项目包括摄影、参观岛上的渔村、浮潜或游泳等。帕米拉坎岛有旅行社组织鲸鱼及海豚观赏活动 💰每人约2000比索 📞0385 40 92 79 @ www.whales.bohol.ph

长滩岛

（Boracay）（折页 E8）长期以来长滩岛便是热带天堂的代名词。

这座长不过10千米、最窄处不过1千米的小岛，自20世纪70年代出现在人们的旅游版图之后，便发生了翻天覆地的变化。

最初的时候岛上仅有几间竹楼，可能是年轻的"鲁滨孙"们搭建的栖身之地。如今岛上度假村遍布，争相吸引游客前往。这座位于米沙鄢群岛西侧的小岛上仅有居民8000余人，却是菲律宾旅游业的一个重要中心。与此同时长滩岛也面临着游客蜂拥而至造成的一系列问题，如过多的垃圾、供水不足等。一些度假村老板和当地政府逐渐意识到了这些问题，但是始终没有找到一个可行的方案来解决它们。尽管

如果在白沙滩觉得有点无聊，堆个沙堡怎么样？

米沙鄢群岛

如此，长滩岛依旧有它的魅力。东海岸长达4千米的★●白沙滩有着粉末般细腻的沙子。人们认为它是全世界最美丽的沙滩。即使是不会游泳的人，在浅海温暖的海水里泡着都觉得很舒服。游客还可以慵懒地躺在白沙滩的椰子树下，亦能沿着海滩散步，或彻夜狂欢，享受丰富多彩的夜生活。

由于长滩岛几乎不受台风影响，您甚至可以选择淡季6月至11月前往，正好可以躲开喧闹又昂贵的旅游旺季，同时在炎热的3月至5月容易繁殖泛滥的海藻也不复存在了。从马尼拉到长滩岛最快的交通方式是乘坐飞机（1小时）前往班乃岛（Panay）的卡提克兰（Caticlan），从那里可以乘船前往您的度假胜地。

美食

白沙滩附近的餐馆和小吃摊数不胜数。每家的营业时间各不相同，主要的营业时间一般为7:00—23:00。为了便于参考这里暂时把狭长的白沙滩划分为北段、中段和南段。

Jonah's Fruit Shake & Snack Bar
该店以芒果沙冰闻名，主营各类果汁及沙冰。店内提供各类简单餐食，紧邻著名景点圣母像。🏠 Manoc-Manoc, Station 1, Aklan Province, Philippines ⏰ 周一至周日 10:30—23:00 ¥ 400 比索

D'Talipapa
这是长滩岛最大的海鲜市场，主要提供新鲜海鲜的购买及加工。价格便宜，最受中国顾客欢迎。🏠 Station 2（在 Boracay 主路和白沙滩之间）⏰ 周一至周日 07:00—21:00 ¥ 1000—2000 比索

Azzurro di Boracay
该店供应风味地道的比萨和意大利面。🏠 白沙滩中段 ¥ ¥¥ 📞 03 62 88 19 76

Bei Kurt und Magz
该店除了丰盛的德式早餐还有炸猪排配土豆、纽伦堡香肠配酸菜，同时供应菲律宾菜肴。🏠 白沙滩南段 ¥ ¥¥ 📞 03 62 88 54 47

Real Coffee & Tea Café
该店为家族经营，这里有长滩岛最浓醇的咖啡，能让您在通宵之后迅速恢复体力。露天餐吧提供煎蛋卷、自制布朗尼等小点心。🏠 白沙滩北段 ¥ ¥

True Food
印度咖喱和香料略带辛辣的味道一定能刺激您的味蕾。🏠 白沙滩中段 ¥ ¥¥ 📞 03 62 88 31 42

休闲/运动

趣味运动
白沙滩几乎云集了所有可以想到的趣味运动项目，如滑翔伞（¥ 每15分钟2500比索）、水上摩托车（¥ 每30分钟2500比索）、香蕉船（¥ 每15分钟350比索）以及滑水（¥ 每30分钟2500比索）。此类项目的提供者之一是BIA水上运动中心（📞 0 91 97 91 94 06）。

骑马
游客可以骑在马背上探索长滩岛

菲律宾

幸福的正确打开方式：租一艘帆船驶向日落的方向

长滩岛跑马场（¥每小时700比索起 🏠白沙滩北段 ☎03 62 88 33 11）。

帆船

乘坐一艘风帆出海，享受海上的日落美景是当地的独特体验。可以直接在海滩边预订船票。¥日落时段环海游每人650比索

海滩

如果您觉得白沙滩太过喧闹，也可以去东岸骑三轮摩托，灵莉甘海滩（Llig-Lligan Beach）和拉普拉普海滩（Lapu Lapu Beach）都是比较宁静的海滩。

潜水

白沙滩拥有超过20家潜水学校，例如Victory Dive Center（🏠白沙滩南段 ☎03 62 88 60 56 @www.victorydivers.com）或者Calypso Diving Resort（🏠位于长滩岛游客中心旁 ☎03 62 88 32 06 @www.calypso-boracay.com）。建议您讲价。

身体护理

享受1小时 当地销售 指压按摩（Fausto's Shi-atsu Massage 🏠白沙滩北段靠近市场 🕘9:00—19:00 ¥每小时450比索 ☎03 62 88 33 05），盲人按摩师会帮助您舒缓肌肉让您身心放松。● ☘ Mandala Spa（🕘10:00—22:00 ☎03 62 88 58 58 @www.mandalaspa.com）的店主则很在意环境保护，店内热带风情浓郁。

帆板

岛屿东面的 当地销售 布拉波海滩（Bulabog Beach）深受冲浪爱好者的喜爱。装备可以现场租赁，例如Habagat Kiteboarding（¥1500比索

米沙鄢群岛

03 62 88 57 87 @ www.kiteboracay.com）。

夜生活

白沙滩的南段有许多迪厅、酒吧和KTV，最受人欢迎的要数Beachcomber酒吧和Paraw Club的Happy Hour。长滩岛D'Mall附近的Bom Bom Bar凭借出色的音乐吸引了众多游客。

住宿

近年来条件较好的住宿地点纷纷涨价，但这并不影响游客前来游玩。小贴士：如果您喜欢安静，建议选择白沙滩北段的旅馆。

Dave's Straw Hat Inn

这里有精巧舒适的小洋房，客房带有电扇或空调。旅馆比较靠近内陆，区位安静，但离海滩也不过是几分钟步行距离。自带田园诗歌般的热带花园，很受欢迎，常常客满。有18间客房。🏠 南段 ¥ ¥~¥¥ 📞 03 62 88 54 65 @ www.davesstrawhatinn.com

Discovery Shores

这是一家不会让您失望的高端度假村，由顶级设计师打造的88间客房，每间都有独立Spa，自带细沙滩。🏠 北段 ¥ ¥¥¥ 📞 03 62 88 45 00 @ www.discoveryshoresboracay.com

Friday's

这是一家带有当地地域特色的顶级度假村，拥有最美最宽的白沙滩。配备游泳池、餐厅，食物可口，服务周道。早午餐和晚餐自助非常美味，只是价格不算便宜。有40间客房。🏠 白沙滩北段 ¥ ¥¥¥ 📞 03 62 88 62 00 @ www.fridaysboracay.com

La Isla Bonita

该酒店服务友好，距离沙滩仅几步之遥，房间内配备电扇或空调，有一些带庭院或阳台。有42间客房。🏠 白沙滩南段 ¥ ¥¥ 📞 03 62 88 35 01 @ www.boracayislabonita.com

省钱有道

Hope Homes提供简单舒适的客房，房屋建材均选用天然材料，氛围轻松随意，配备餐厅。有12间客房。🏠 达瑙海滩（Danao Beach），邦劳岛 📞 0 92 85 52 34 35 @ www.hopehomes-danao.com

Orchids Resort主楼采用竹木材料，带有18间客房和3套配备空调的度假屋，紧邻海滩，非常安静。🏠 白沙滩南段，长滩岛 📞 03 62 88 33 13 @ www.orchidsboracay.com

在Fruitas可以购得鲜榨芒果菠萝奶昔 ¥ 售价50比索起 🏠 D'Mall，一楼，长滩岛

在Kiwi Dive Resort您可以放松、潜水及晒日光浴。并没有奢华的排场，却有迷人的魅力。8间别墅。🏠 拉雷纳（Larena），锡基霍尔 📞 03 54 24 05 34 @ www.kiwi-diveresort.com

提波罗海滩度假村（Tipolo Beach Resort）的Last Filling Station提供补充能量的早餐，如酸奶麦片等。🏠 帕纳格萨玛海滩，墨宝岛，宿务

菲律宾

Le Soleil
这是一座新建成的地中海风格度假村,优雅宜人,服务优质。有阳台可通向游泳池。有 46 间客房。🏠 白色沙滩中段 ¥ ¥¥ 📞 03 62 88 62 09 @ www.lesoleil.com.ph

Pinjalo Resort
隐藏在小门背后的是一座极富吸引力的度假村,客房多为石材建筑,设施完善配备空调,客房位于美丽的热带花园内。另外还有优质的餐厅、游泳池和潜水中心,离白沙滩中段仅几步之遥。有 28 间客房。¥ ¥¥~¥¥¥ 📞 03 62 88 62 41 @ www.pinjalo.com

问询中心

长滩旅游中心
附带邮政和金融服务,并有网吧(¥ 每小时 60 比索)和小型超市。🏠 白沙滩南段 📞 03 62 88 30 66 @ www.myboracayguide.com

> **CITY 从这里出发**
>
> **圣婴圣殿**(Basilica Minore del Santo Niño):作为宿务市最古老的教堂,圣婴圣殿是了解这座城市最好的开始。从这里可以直接步行到麦哲伦十字架和有点乱但值得游玩的卡尔邦市场(Carbon Market)等地方。需注意的是在旅游时请当心自己携带的物品!交通方式推荐出租车。

书籍 / 电影

《蜘蛛侠》(菲律宾语:*Gagamba*,英文:*The Spider Man*)是菲律宾最有名的作家 F. 西奥尼尔·霍塞(F Sionil José)的作品,他用一场自然灾害暗示人们,一场震动菲律宾社会的变革即将到来,以期社会能觉醒。(出版时间:2013 年)

《魔都马尼拉》(*Magic City Manila*)是菲律宾导演卡文·德·拉·库鲁兹(Khavn De La Cruz)的获奖电影作品。他以现实主义手法刻画了在马尼拉贫民窟生存的被遗弃儿童的悲惨生活,赞美了他们顽强的生活意志。(上映时间:2012 年)

《因凡塔》(*Infanta*)是德国作家波多·基希霍夫(Bodo Kirchhoff)的作品,它讲述了在菲律宾东南部棉兰老岛上一个虚构村庄里发生的非常复杂但又浪漫的爱情故事。(出版时间:1990 年)

《伊梅尔达》(*Imelda*)是一部纪录片,由拉莫娜·迪亚兹(Ramona Diaz)执导,讲述了伊梅尔达·马科斯(Imelda Marcos)这位迷人的菲律宾第一夫人传奇的一生。如果您对马科斯时代的菲律宾有强烈的好奇心,这部电影绝对是首选。(上映时间:2004 年)

米沙鄢群岛

宿务市与麦克坦岛

(Cebu City & Mactan Island)(折页F8-10)宿务被薄荷岛、内格罗斯岛和莱特岛环绕,自然景观与人文景观相映生辉,相得益彰。

作为米沙鄢的经济中心,宿务岛最宽处有40千米,由南至北200多千米,主要有农业、家具制造、乐器制造以及旅游业等,从业人员有400多万,其母语是宿务语。

位于麦克坦岛(Mactan Island)(折页F9)的国际机场有两座大桥与宿务相连,并且它在航空便利度方面有绝对优势:您可以从新加坡、中国香港或者吉隆坡(Kuala Lumpur)直飞至米沙鄢的中心地带,并从这个绝佳地理位置开始一系列的跳岛游(Island Hopping)!麦克坦岛是宿务的旅游中心,大多数景点距离机场只有20分钟的车程。交通的便利性一定程度上可以弥补麦克坦岛的沙滩没有排到菲律宾前十位这一点。您可以在宿务西南方的墨宝岛(Moalboal)以及最北面的马拉帕斯卡岛(Malapascua Island)潜水,在沙滩的环抱下度过一个悠闲自在的假期。

宿务在几百年前就是外国人入侵的关口。当宿务还叫Sugbu时(大约16世纪)西班牙人开始有计划地在菲律宾群岛宣传天主教,进行侵略殖民活动。特别是宿务市以及麦克坦岛上的朝圣遗迹、纪念碑和历史遗址都时刻提醒着人们那个殖民时代的存在。

宿务市(Cebu City)大约有100万人口(折页F9),是继马尼拉和达沃(位于棉兰老岛)之后的菲律宾第三大城市,因其美丽的风景,被当地人誉

麦克坦岛的传统:当地居民手工制作乐器

为"南方女王城"(Queen City of the South)。宿务市在城市规划时注重绿化,建设了强大的交通网络,让人很容易联想到国际大都市马尼拉。

宿务市具有人文风情,其历史古迹以及靠近薄荷岛的美丽海岸线都使得它成为一座非常具有探索价值的旅游城市。库伦街(Colon Street)南面的海港区域是宿务市的下城区,虽然古香古色,但经济发展落后,这里西班牙殖民时代的历史景点值得一看。您可以选择城市导游服务 当地 推荐 ▶ Ka Bino Guerrero (¥1000~1200比索 ☏ 0 93 28 15 19 75 @ www.kabinoguerrero.wordpress.com),在2~2.5小时内带您体验这座古老殖民城市不一样的风情。市中心的斯曼纳(Osmeña)区域被称为上城区,

菲律宾

它的东边是现代的商业区,北边的贝弗利山庄则是富人区。

景点

圣婴圣殿(Basilica Minore del Santo Niño)

这里是宿务市天主教的朝圣中心,里面的圣婴雕像应该是麦哲伦赠予当时宿务统治者胡马邦(Humabon)的妻子的。如今这座珍贵的圣婴雕像被视为庇护宿务教众的圣物,当地人在每年1月份的圣尼诺节(Sinulog Festival)纪念圣婴。教堂隔壁是一座很小的博物馆。🏠 宿务市下城区斯曼纳大街(Osmeña Street) 🕐 周四至周二 8:00—11:45、13:30—16:45 ¥ 20比索

卡萨哥罗多博物馆(Casca Gorordo)

卡萨哥罗多博物馆是宿务市的巴瑞安区(Parian District)唯一一座留存至今的建筑,它于1860年建造,曾经是一名富人的财产。在这里您不仅可以参观殖民时代的建筑,还可以欣赏古希腊和古罗马时代的绘画作品。🏠 宿务市下城区洛佩斯哈埃纳街35号(Lopez Jaena Str.) 🕐 周二至周日 10:00—18:00 ¥ 100比索

圣佩特罗堡(Fort San Pedro)

圣佩特罗堡是1565年西班牙人侵略菲律宾群岛时所兴建的军事要塞,当时它是西班牙人后方的军营、医院和战俘营。第二次世界大战期间,该城堡在日军的进攻下变为废墟。几十年前它又被重建起来。如今因为美丽的花园和小小的博物馆,它又成为宿务人远离大城市喧嚣的静谧休闲之地。🏠 宿务市下城区洛佩斯哈埃纳街(Lopez Jaena Street) 🕐 8:00—20:00 ¥ 30比索

麦哲伦海湾(Magellan Bay)

宿务市有两座纪念碑纪念当时的菲律宾酋长拉普拉普(Lapu Lapu)对抗葡萄牙入侵者斐迪南·麦哲伦(Ferdinand Magellan)的历史事件。1521年,入侵的欧洲人携有精良的武器,而菲律宾人只有长矛和弓箭,这场不平等的较量却迎来令人意外的结局:拉普拉普赢得了胜利。每年的4月27日,菲律宾人都会在海湾打扮成拉普拉普,纪念这位自由战士。🏠 Punta Engaño,Mactan Island

麦哲伦十字架(Magellan's Cross)

就在麦哲伦与拉普拉普决战殒命的两周前,他为土著族长拉加·胡马邦(Rajah Humabon)和其他800位宿务人举行了受洗仪式。当时竖起的十字架装在一个木框内,现在它搬到了宿务市的一个凉亭内,用来展示当时历史性的一刻。🏠 宿务市下城区的市政厅对面 🕐 8:00—20:00

道观(Taoist Temple)

处于宿务市富人区特权位置的道观外表装饰华丽,有层层阶梯,种种迹象表明在宿务市的市中心住着大量的华人富人群体。通过整整81层阶梯,您可以到达各个宝塔和亭子,并且欣赏到美丽的城市风景和海岸线。如果您让出租车等一会儿的话,还有机会搭乘马车,穿过贝弗利山庄。🏠 贝弗利山庄 🕐 7:00—18:00 ¥ 免费

米沙鄢群岛

观景台（Tops Lookout Area）

从观景台往下看视野非常棒。您不仅可以看到离市中心大概 15 千米远的布塞山庄（Busay Hill），还可以欣赏到宿务市以及与之相邻的麦克坦岛的全景。更棒的是晚上灯光交相辉映的夜景。请同时参观道教寺院。🏠 布塞山庄 🕐 日出至日落 ¥ 100 比索

美食

因为宿务市有很多餐厅，这里就只推荐在麦克坦岛和度假村的餐厅了。

Cnt Lechon

在这家餐厅您可以尝到正宗地道的宿务美食。大分量的炭烤乳猪（Lechon）香脆可口，绝对是宿务的最佳美食，一天游玩之余请务必去品尝。🏠 拉马大街 1377 号 🕐 8:00—20:00 ¥ ¥

当地锦囊 ▶ Golden Cowrie Native Restaurant

这是一家在当地人中相当受欢迎的餐厅，它主打当地的特色美食和新鲜的海鲜，食物用芭蕉叶盛放。🏠 Lahug Salinas Drive 🕐 11:00—14:00，18:00—22:00 ¥¥¥¥ 📞 03 22 33 42 43

Kublai Khan's

想品尝多种美食？这家餐厅提供的自助餐再合适不过了，并且价格实惠，食物多样。🏠 宿务市阿亚拉中心 🕐 10:00—20:00 ¥ ¥

西班牙式的多功能建筑：圣佩特罗堡如今有多种用途

菲律宾

Lighthouse Restaurant

这家餐馆的食物非常美味，吸引了众多宿务市当地的食客。他家的招牌菜除了菲律宾炭烤乳猪（lechon）和班丹鸡（chicken pandan）还有日式料理和西班牙料理，并且有现场音乐表演。🏠 Gen. Maxilom Ave. ⏰ 11:00—15:00, 17:30—23:00 📞 03 22 33 23 83 💴 ¥¥

Lantaw

这家布塞山庄的露天阳台餐厅位于市中心东北面7千米处，在这里可以一边欣赏隔壁薄荷岛的美丽风景，一边享受菲律宾与欧洲的美食。坐出租车过来大约需500比索。🏠 Sitio Garahe, Busay ⏰ 11:00—23:00 💴 ¥¥¥ 📞 03 25 11 03 79

Oh Georg!

这家咖啡馆同时也是餐厅，食客众多，大多数不是来吃三明治或意大利面的，他们的目标是甜点。其中特别有名的是芒果提拉米苏。🏠 宿务市阿亚拉中心 ⏰ 10:00—20:00 💴 ¥¥ 📞 03 22 33 47 35

购物

阿亚拉购物中心（Ayala Center）

阿亚拉购物中心是宿务市最现代最繁华的购物中心，位于市中心的商业区。在这里您可以找到各种各样的东西：从香蕉到报纸，从各式理发店到美容院，从餐厅到各式酒吧。购物中心的电影院上映英语和菲律宾语的电影。🏠 宿务市商业区，薄փ大街和吕宋大街交叉口 ⏰ 周一至周四 10:00—21:00，周五、周六 10:00—22:00

卡尔邦市场（Carbon Market）

卡尔邦市场是典型的菲律宾市场，在宿务市靠近港口的区域非常热闹，横跨多条街。在这里可买到鲜花、水果、鱼和肉以及其他产品。即使商贩稍微加价，您也能以实惠的价格买到不少当地产品。这里是买藤条编织产品和手工艺品，或者拍照的好地方。但如果您鼻子比较敏感或者神经比较脆弱的话，不是很推荐这里，因为市场上鱼和肉的气味不是很好，再加上天气炎热潮湿，更令人难以接受。🏠 宿务市下城区 Briones St., Escano Str.

当地特需 吉他制造工厂

麦克坦岛的北拉瑙（Abuno）小城里几乎所有的家庭都制造琴弦。除了吉他外，这里还制作夏威夷吉他和很小的可可乐器，乐器的主体发声部分用的是抛光的椰子壳。在购买时一定要买有出口标识的乐器，因为热带地区的木头不一定能适应大陆性气候，容易崩裂。比较有名的乐器品牌是 Lilang's Guitars, Susing's Guitars 或 Alegre。⏰ 周一至周六 7:30—18:30

夜生活

在宿务您可以尽情享受夜生活，但请勿随身携带贵重物品，同时应尽量避免去港口地区。

阿亚拉购物中心酒吧区

购物中心关门时，阿亚拉中心的酒吧刚开始营业。您可以选择去时髦的 Ratsky（⏰ 11:00 至次日 4:00，1层），或者去日渐流行的 Hap Japs（⏰ 10:00 至次日 2:00，1层）。

米沙鄢群岛

Filipino 赌场
这家豪华的赌场是24小时营业的，是宿务市非常值得一去的地方。🏠 Waterfront Hotel

Jazz N Bluz
设计现代、装修时髦的音乐酒吧，以安格斯牛排而闻名，每天都有现场音乐演出。🏠 Cebu 27 F. Cabahug Str., Mabolo 🕐 周二至周日 19:00—凌晨 2:00，现场音乐演出 21:00 开始 📞 03 22 32 26 98

住宿

Blue Water Maribago Beach Resort
这个度假村在麦克坦岛上，一共有153间客房和8个小别墅，面积很大，并且自带一家大型餐厅和两个游泳池。大多数房间在一幢两层建筑里。更为舒适的是沙滩上的小屋，可以泡温泉、滑水梯、潜水。这里还有儿童游乐场所，非常适合全家旅游。💰¥¥¥ 📞 03 24 92 01 00 @ www.bluewatermaribago.com.ph

Casa Escano Bed & Breakfast
这家供应早餐的家庭式旅馆带有西班牙殖民时期的风情，复古的风格与现代的舒适完美结合，周围环境清幽。自营餐厅 Don Metro's 有西班牙菜和精致地道的菲律宾菜。有11间客房。🏠 94 Juana Osmeña Str. 📞 03 22 53 55 63 💰¥~¥¥ @ www.casaescano.com

Costabella Tropical Beach Resort
这家现代式的度假村位于美丽的海滩旁。在这里您可以尝试多种水上运动，并且享受餐厅精致的美食，想必没人会拒绝在海滩旁进行烛光晚餐。有156间客房。🏠 Buyong Mactan Island 📞 03 22 38 27 00 💰¥¥¥ @ www.costabellaresort.com

Diplomat Hotel
这家酒店带着浓浓的复古风情，十分令人喜爱：大厅里喷泉水花阵阵，

热闹、炎热、喧嚣：卡尔邦市场是典型的菲律宾市场

菲律宾

房顶上的吊扇带来凉风习习。酒店内有餐厅和健身房。有147间客房,所有的房间装修得体,空调让人一进室内马上会感到舒适。🏠 90 F. Ramos Str., Cebu City 📞 03 22 53 00 99 @ www.diplomathotelcebu.com 💴 ¥~¥¥

Marco Polo Plaza Hotel

这家商务酒店非常现代,使用了最新的技术。它游泳池旁的芒果树提供乘凉的地方。此外酒店还提供山地车出租服务。建议在预订时选择一些高楼层的房间,这样可以看到城市全景和海岸线。有329间客房。🏠 Cebu Veterans Drive, Lahug, Cebu City 💴 ¥¥¥ 📞 03 22 53 11 11 @ www.marcopoloplazacebu.com

Lapu-Lapu Cottages

这个家庭式旅馆由一对生活在菲律宾的德国夫妇经营,洋房坐落在精心打理的花园内,房间宽敞,里面的吊扇和空调带来阵阵凉意,旅馆内还有一家非常棒的餐厅和一个迷人的游泳池。有客房16间。🏠 Basak, Mactan Island 💴 ¥¥ 📞 03 25 20 56 48 @ www.lapu-lapucottages.com

问询中心

宿务市旅游委员会

🏠 CHAC Building, 2. Etage, Osmeña Blvd. Cebu City 📞 03 24 12 43 55 @ www.cebucitytourism.com

地区旅游咨询中心

🏠 宿务市LDM大楼一楼,LDM Building, Erdgeschoss, Legazpi Str., Lapu-Lapu Str. Cebu City 📞 03 22 54 28 11 @ dotregion7@gmail.com

周边景点

马拉帕斯卡岛(Malapascua)(折页F8)

宿务东北8千米处有座小岛叫马拉帕斯卡岛,因其美丽梦幻的沙滩,享有"第二长滩岛"的美誉。

这座小岛的旅游热点是赏金海滩

墨宝岛上的美丽风景

米沙鄢群岛

(Bounty Beach),这也是岛上有一系列的小设施的原因。其他部分的沙滩非常适合那些日光浴爱好者、潜水爱好者,运气好的话还能碰到长尾鲨和蝠鲼。如果您想度过一个沙滩潜水假期,可以选择住在看得到大海的 Ocean Vida Beach and Drive Resort(☎ 0 97 74 69 48 40 ¥ ¥¥ @ www.ocean-vida.com)度假村。有20间客房,就在Sea Explorers(@ www.seaexplorers.com)的隔壁。从位于麦克坦岛的机场到宿务的北海岸最多需要4个小时。然后坐船从玛雅(Maya)码头出发,大概需要30分钟到达马拉帕斯卡。

墨宝岛(Moalboal)(折页F10)

墨宝岛位于宿务的西南方,近年来已成为菲律宾旅游的热门地点。特别是在帕纳格萨姆海滩(Panagsama Beach)有很多旅馆和餐馆。在潜水爱好者心里,墨宝岛可以说是菲律宾群岛的浮潜天堂,首先波斯卡多岛海洋公园(Pescador Island Marine Park)有50多米深的潜水道,形成一个独一无二的水下世界。墨宝岛离宿务大概100多千米,坐车的话需要2~3个小时。

住宿可以选在帕纳格萨姆海滩上的QuoVadis Dive Resort度假村(有8间大房,14间小屋。¥ ¥~¥¥ ☎ 03 24 74 30 68 @ www.quovadisresort.com),房间干净,家庭氛围浓厚,有一个漂亮的游泳池和运营良好的潜水中心,非常适合小孩玩耍。墨宝岛北边是非常安静的白色沙滩(White Beach),在那里您可以尽情享受浮潜,那里还有一家非常棒的家庭旅馆, 当地精囊 Ravenala Beach Bungalows(有16间客房,2间小屋 ¥ ¥¥ ☎ 03 22 72 53 69 @ www.ravenala-resort-moalboal.com)。周围是精心打理的花园,房子是用石头堆砌成的,房间的装饰非常别致。这里的沙滩明显比帕纳格萨姆海滩要漂亮多了。

当地精囊 峨兰哥岛(Olango Island)(折页F9)

离麦克坦岛10千米远的峨兰哥岛,每年成千上万的候鸟在由东亚向澳大利亚迁徙时会在此栖息。在峨兰哥岛野生动植物保护区(Olango Island Wildlife Sanctuary ⏰ 7:00-19:00 ¥ 100 比索 @ www.olangowildlifesanctuary.org),每年的10月到次年3月是观鸟的最佳时期,鸟声随处可闻,吸引着全世界的鸟类学家。麦克坦岛上的度假村提供去峨兰哥岛郊游的服务。

内格罗斯岛

(Negros)(折页E-F 9-10)内格罗斯岛呈长筒靴形,在米沙鄢的西部,介于班乃岛和宿务岛之间。

岛上山脉绵延,主要有3座火山,将内格罗斯岛分为东部和西部两部分。近200年来,小岛两边的文化和经济发展也截然不同。东部的主要城市杜马盖地(Dumaguette)是一座历史悠久的大学城,而西部的巴科洛德市随着甘蔗种植业的发展,迅速成长为一座新兴城市。

内格罗斯每年生产的糖约占整个菲律宾产量的一半,在多处可见的4米高甘蔗的环绕之下,小岛形成了一道自然的绿色围墙。在巴科洛德市周围您可以参观蔗糖工厂。或许是出于怀旧情怀,一些制糖厂至今还在使用20世纪20年代的蒸汽机车。

菲律宾

岛上的原住民 Negritos 早已搬离偏僻的山区，但土著民族 Ata、Ati 和 Magahat 至今还保留着祭拜祖先的传统。他们皮肤黝黑，所以西班牙人将这里命名为"黑色的小岛"（Negros）。

虽然现在岛上的游客不多，但仍有值得一去的景点。如果您是带着小孩来度假的话，不建议去东部黑色的沙滩，因为海水颜色很深通常会看不见小孩。岛上有很棒的潜水设施。不论是杜马盖地（Dumaguette）还是巴科洛德，都有菲律宾国内航班直达。

内格罗斯岛景点

巴科洛德市（Bacolod City）（折页 E9）

巴科洛德市既是西内格罗斯省（Negros Occidental）的省会，也是菲律宾的产糖之乡，非常适合从这开启菲律宾西海岸的探索之旅，探索无数的甘蔗种植园。巴科洛德市大约有 55 万人口，是菲律宾的主要城市之一。它的省级市立公园（Provincial Capitol Park）有一个湖泊，是散步的好去处，城市广场（City Plaza）也是受当地居民欢迎的地方。旅馆、中央市场和巴科洛德大教堂分布在广场周围，城市南边的商业区则聚集着餐馆、俱乐部和酒吧。

道因（Dauin）（折页 F10）

道因是在杜马盖地（Dumaguete）南边的一座小城市，此前这里的居民在岗楼里放哨以戒备海盗。道因的沙滩是黑色的，十分有特色并且人烟稀少。这里吸引了众多潜水爱好者，因为附近有非常刺激的潜水海域，如马萨坡德岛（Masaplod Island）自然保护区和阿波岛（Apo Island）海洋保护区。

杜马盖地（Dumaguete）（折页 F10）

作为东内格罗斯省（Negros Oriental）的省会，杜马盖地（人口大约 12 万）还有一个别名——"友好人士之城"。它是一座令人陷入沉思的大都市，还是菲律宾唯一的基督教大学西利曼大学（Silliman University）的所在地。

该大学成立于 1901 年，如今注册的学生超过 2.5 万名。这里最受欢迎的聚会场所是靠近大海、黎刹大道（Rizal Boulevard）上的众多餐馆。

锡莱（Silay）★（折页 E9）

锡莱（人口 2.5 万）是离巴科洛德 13 千米多远的童话般的小城市，在

在斯莱（Silay）：男爵的糖果店

米沙鄢群岛

这里您可以看到19世纪末制糖业大亨的生活有多"甜蜜"。31座西班牙殖民风格的小别墅"balay negrense"历经岁月风霜,至今仍保存完好。它们赋予菲律宾——正如锡莱自称"内格罗斯的巴黎"(Paris of Negros)一样——浓厚的历史底蕴。

在 Balay Negrense 博物馆（🏠 Cinco de Noviembre Str. 🕐 周二至周日 10:00—12:00, 13:00—17:30 ¥ 50 比索）,您可以参观到维克托·加斯东(Victor Gaston)——甘蔗大亨伊夫·利奥波德·日耳曼(Yves Leopold Germain)的后裔——的珍贵物品,包括古董家具、价值连城的首饰和20世纪初的原始照片,您还可以选择参观伯纳迪诺·加拉多尼祖先之家博物馆(Bernardino Jalandoni Ancestral Home 🏠 黎刹街 🕐 周二至周六 9:00—17:00 ¥ 50 比索）,或者离它10千米远的夏威夷菲律宾糖业公司(Hawaiian Philippine Sugar Company),那里还在使用20世纪20年代的蒸汽机车,古老的蒸汽机车仍穿梭在甘蔗园里180千米长的轨道上。这场"铁道之旅"大概需要半天或一天,费用根据参观人数每人25欧元起,最多10人,但需要在锡莱的旅游中心（🏠 Senator José C. Locsin Cultural and Civic Center City Plaza 📞 03 44 95 55 53）预约。

🔶 锡帕莱（Sipalay）（折页 E10）

巴科洛德以南200千米有座小城市叫锡帕莱,靠近糖海滩（Sugar Beach）和蓬塔巴洛白沙滩（Punta Ballo White Beach）,被称为"睡美人",因为它的旅游业还只处于刚起步阶段,在这里仿佛整个热带小天堂都是您的私有财产。这里有少数的海滩度假村会组织潜水之旅,您可以探索沉船废墟,或者游览绿色腹地,还可以参观洞穴和瀑布。

景点

人类学博物馆（Anthropology Museum）

这个在杜马盖地的博物馆除了展出内格罗斯的考古文物外,还有巫师娃娃以及一些其他的神秘仪式文物,相当有趣。这些文物来自邻岛锡基霍尔（Siquijor）的精神治疗师。

生物多样性保护中心（Biodiversity Conservation Center）🌿

这个保护中心是菲律宾群岛上保护环境、动物,保护生物多样性的典型代表,非常具有参观价值。内格罗斯森林生态基金会（Negros Forests and Ecological Foundation）致力于打击非法狩猎活动,保护地方上濒临灭绝的物种。在基金会的努力之下,野生动物的黑市交易日渐减少,野生动物也逐渐出没在巴科洛德市周围。🏠 South Capitol Road 🕐 9:00—12:00, 13:30—16:00 ¥ 20 比索（可捐款）@ www.negrosforests.org

内格罗斯博物馆（Negros Museum）

在巴科洛德的这家博物馆展出的展品都跟甘蔗的种植和蔗糖的生产有关,因此它也被称为蔗糖博物馆。🏠 Gatuslao Str. 🕐 周二至周日 9:00—18:00 ¥ 50 比索

美食

巴科洛德市的特色美食是 chicken

菲律宾

inasal,炭烤后的鸡肉配上一种用椰子醋、酱油、生姜和洋葱做的特制酱料,格外美味。

在 Manokan Country(🏠 Reclamation Area,靠近游客咨询中心),您可以在很多小餐馆和大排档那里找到很多实惠的当地美食,同样您也可以去商业中心。靠近教堂的杜马盖地市场或者沿着黎刹大道也有很多当地餐厅或者路边摊,您同样可以尝到各种各样的美食,尤其是新鲜的水产品。

休闲 / 运动

在内格罗斯,无论是西海岸还是东海岸,都非常适合潜水。

海豚观光之旅

在宿务岛和内格罗斯岛之间的海峡中生活着大量的鲸鱼和海豚,是观看鲸鱼和海豚的绝佳地点。海豚观光之旅从杜马盖地以北 40 多千米的小城巴依斯(Bais)开始。在巴依斯的游客咨询处(🏠 城市广场 🕘 周一至周六 9:00—18:00 ¥ 游艇 3000 比索起租)可以租游艇。

住宿

Artistic Diving Beach Resort

这家家庭旅馆位于锡帕莱还未开发的白色沙滩附近,旁边有所瑞士人开的、规模逐渐壮大的潜水学校,是潜水爱好者和自然爱好者的理想住宿地,这里的服务非常好,还提供手工制作的面包和比萨。有 16 间客房。¥ ¥ ¥ 📞 0 91 94 09 55 94 @ www.artisticdiving.com

Atlantis Dive Resort

这家度假酒店是道因的小绿洲:它有美丽的花园、室外游泳池、黑色的沙滩以及运营超棒的潜水学校,由德国人管理。大多数房间坐落在围绕着游泳池的两层建筑里。同时晚上在其餐厅吃饭时,可以看到美丽的夜景——渔船灯光闪烁,海岸线形成了一道亮丽的风景。有客房 40 间。¥ ¥ ¥ ¥ 📞 03 55 36 02 06 @ www.atlantishotel.com

埃尔多拉多海滩度假酒店(El Dorado Beach Resort)

这家靠近道因黑色沙滩的酒店是瑞士人开的,它除了游泳池、餐厅外

制糖业的战争

内格罗斯西北部的第一批甘蔗种植园建于 150 多年前,如今种植园里艰苦的种植条件依旧没有改变。每年 10 月到次年的 4 月的收获季,有超过 25 万的工人以极低的工资被临时雇用,在田间辛勤劳作,收获季节后大多数人被解雇,这些工人被称为 sacadas。利润一直是大庄园追逐的目标,然而 20 世纪 80 年代中期,糖的世界市场价格一路暴跌导致了一系列的暴动。糖业大亨拒绝在种植园继续雇用 sacadas,而是选择种植谷物。随着蔗糖价格的回升,这些工人也陆续回归甘蔗园。

米沙鄢群岛

还有一家潜水学校,氛围非常友好。有30间客房,4幢小别墅和1间住宿大厅。¥ ¥¥ 03 54 25 22 74 @ www.eldoradobeachresort.com

巴科洛德舍尔酒店(L'Fisher Hotel)

这是巴科洛德最好的酒店,它位于市中心,有宽敞又现代化的房间,同时又有咖啡馆,1家大餐厅和1个游泳池。有100间客房。 Lacson Str., 14th Str. ¥¥~¥¥¥ 03 44 33 37 31 @ www.lfisherhotelbacolod.com

La Residencia al Mar

这家位于杜马盖地的酒店装修得很漂亮,房间很舒适。建议登记的时候询问前台是否有带阳台的空房,可眺望窗外的大海风光。有17间客房。 Rizal Blvd. ¥¥ 03 54 22 08 88 @ www.laresidencialmar.com

Takatuka Lodge and Dive Resort

这家位于锡帕莱的旅馆的管理团队由德国人和瑞士人组成,房间装饰色彩斑斓,仿佛Pippi Langstrumpf的别墅,床是豹纹设计,睡觉的房间像粉红色的凯迪拉克,淋浴间采用斑马纹图案。在颜色欢快的度假村还能潜水,并且隔壁潜水中心的价格十分优惠。有9间客房。 Sugar Beach ¥ ¥~¥¥ 0 92 02 30 91 74 @ www.takatuka-lodge.com

问询中心

杜马盖地市旅游咨询中心
City Hall 03 52 25 05 49

巴科洛德市游客咨询中心
St. Juan Str. 03 44 34 67 51

区域旅游咨询中心
Provincial Capitol Building Gatuslao Str.,Bacolod 03 44 33 25 15 @ www.negrosoccidentaltourism.com

内格罗斯的这个甘蔗种植庄园归农民所有

菲律宾

周边景点

阿波岛（Apo Island）（折页 F10）

注意：这座位于内格罗斯东南边的小岛和民都洛岛的阿波礁不是同一个地方。阿波岛是游客首选的潜水地，它的沙滩多姿多彩，这里从 1986 年起就是保护区，所以水下鱼类众多。在这里您可以经常看到各种海龟、鲨鱼以及鲭鱼和火枪鱼。由于鱼群非常庞大，阿波岛不合适新手浮潜。道因的度假村经常会组织船只前往这个 3 千米远的小岛。如果您对住宿舒适性没太高的要求的话（电只有几个小时并且只有冷水），可以选择住在阿波岛上的度假村 当地精选 阿波岛海滩度假村（Apo Island Beach Resort ☎ 03 52 26 37 16 ¥ ¥ ¥ @ www.apoislandresort.com）。有 9 间小木屋。度假村会提供去杜马盖地的路线。

马拉塔派市场（Malatapay Market）（折页 F10）

您绝对不能错过马拉塔派市场——这个位于慕莱（Maluay）的，多姿多彩、朝气蓬勃的农贸市场。农民、渔民以及布吉农（Bukidnon）族人都会来到这个离杜马盖地北边 30 多千米远的市场出售他们的商品。您可以在这里买到新鲜的水果，例如红毛丹、兰撒，您还可能会被马尼拉麻蕉的天然纤维惊艳到。🕒 每周三从天亮开始

双子湖国家公园（Twin Lakes National Park）（折页 F10）

离杜马盖地 20 千米远的西北方有一个热带天堂——双子湖国家公园。公园内丛林茂密，有 0.8 平方千米的地方还未开发。徒步 15 千米，穿梭在火山湖巴林萨萨瑶湖和达瑙湖（Balinsasayao and Danao）之间，虽然有点累，但还是非常值得的。杜马盖地的旅行社提供导游服务。您可以乘坐越野车或者 habal-habal 摩的到达国家公园入口。火山湖那里有船民提供简单的午餐（记得自己带水）。🏠 锡布兰码头（Sibulan）🕒 8:00—18:00 ¥ 100 比索

葱郁的热带景色：女巫岛锡基霍尔的自然景色令人陶醉

米沙鄢群岛

锡基霍尔

（Siquijor）（折页F10）绰号"女巫岛"或"巫毒岛"已经揭示了★锡基霍尔（人口10万）的特别之处。

岛上树林茂密的山丘是当地巫师的治疗场所，他们用草药、按手礼或者神秘仪式治疗病人。这里风景迷人，岛上居民淳朴善良，并且沿海的岛礁保存完好。菲律宾和其他亚洲国家的游客通常因为巫师而对锡基霍尔岛避之不及。您可以选择搭乘一个多小时快艇往返内格罗斯岛的杜马盖地。

景点

班迪兰自然公园和坎塔布洞穴（Bandila-An Nature Center & Cantabon Cave）

锡基霍尔岛上的最高峰班迪兰山海拔约557米，有一个很小的旅游中心，建议您从锡基霍尔镇（Siquijor Town）出发往上走，沿途可以看到原始的森林植被，同时可以时不时地参观一些洞穴，来一场非常棒的徒步旅行。这些洞穴中最出名的就是坎塔布洞穴，需注意的是参观时衣服可能会被弄脏或弄湿。当地导游的费用大约500比索，含手电筒和头盔的费用。🕐 每日均发团。💴 免门票

圣安东尼奥（San Antonio）

菲律宾群岛所有的魔法师都会在圣周前往在班迪兰山脚下的圣安东尼奥。这里在复活节前后不仅会酿制具有医疗效果的酊剂，还会低声念咒语。在圣安东尼奥生活着一群巫医，他们向经过的游客保证可以减轻他们身上的痛苦。您可以让当地的度假村推荐巫医。无须预约就可前往，治疗费用不是固定的，游客可以自己决定。

美食

在锡基霍尔当地沿着海岸大街（当地人亦称为高速公路）有一些咖啡馆和餐馆，提供各种各样便宜又简单的当地美食。

拉雷纳咖啡馆（Café Larena）

在这家室外的小餐厅，咖喱和阿多博（Adobo）菜不超过2欧元，并且可以欣赏日落美景。🏠 Highway between Larena and Sandugan 🕐 7:00—22:00 💴 ¥

住宿

椰树林海滩度假村（Cocogrove Beach Resort）

这个漂亮的度假胜地有两个游泳池，空间宽敞，您可以在这里度过一整天：将近1000米长的白沙滩细腻柔软，各种各样的水上运动均可尝试，更不容错过的是乘坐豪华吉普尼绕着锡基霍尔畅游72千米长的滨海大道。有64间小村舍。💴 ¥¥~¥¥¥ 📞 03 52 25 54 90 @ www.cocogrovebeachresort.com

问询中心

锡基霍尔省旅游局

🏠 锡基霍尔镇的省府大厦 📞 03 53 44 20 88 @ www.siquijor.gov.ph/index.php

巴拉望岛

　　巴拉望岛是菲律宾西部的岛屿，位于南海与苏禄海之间，长500多千米，宽却只有40千米，地势狭长，为东北-西南走向。

　　这座偏远的岛屿是菲律宾自然生态环境保护最完好的地方，因此被称为"最后的边疆"。它北端与民都洛相望，南端隔巴拉巴克海峡与加里曼丹岛遥遥相对。两地的动植物种群分布表明，巴拉望岛与加里曼丹岛之间曾有陆地通道。自从在西南海岸的塔博洞穴（Tabon Caves）发现新石器时代文物以来，巴拉望岛就被视为"菲律宾文化的摇篮"。

　　巴拉望省有大小1769个岛屿，人口却只有80万，且大多以渔业为生，可以说是地广人稀。在主岛巴拉望岛，离首府普林塞萨港较远的地方基本没有平坦的道路和电力供应。然而近几年来，巴拉望岛逐渐从沉睡中苏醒，当地政府大力铺设东海岸的滨海大道，大大缩短了交通时间。我们希望巴拉望岛所宣传的生态旅游并非是纸上谈兵，因为这里的沿海保护和森林保护形势相较于菲律宾其他岛屿更为严峻。为了保护珊瑚礁群，当地政府禁止过度捕猎，同时也坚决抵制非法开采热带雨林的行为。

　　巴拉望岛是菲律宾最漂亮的岛屿，在它多山的丛林地区，生活着很多猴子、鸟类以及蝴蝶，它迷人的沙滩未受开采，并且海底世界如梦如幻，是

上图：爱妮岛和柏库德群岛

菲律宾文明的摇篮：这里有壮观的海底世界、美丽的沙滩和世界上最长的能通航的地下河。

整个菲律宾最为壮观的。1934年在巴拉望岛前清澈的海域发现了迄今为止最大的珍珠：这颗珍珠又称老子珍珠，重达6.4千克，打破了世界纪录。此外该岛西海岸的地下河闻名世界，因为它是世界上最长的可通行的地下河。

请做好准备，因为巴拉望的交通太差，您可能要花大量时间在路上，另外也请带好足够的现金，因为只有在首府普林塞萨港才有银行和自动取款机。巴拉望群岛的主岛上的住宿条件简陋，但在巴拉望群岛的一些小岛上您能找到能满足游客各种需求的豪华度假酒店。然而这个"人间天堂"也不是没有缺点：一些沙滩上有沙蝇，您一旦被叮咬会极度瘙痒。

同时巴拉望岛也是菲律宾唯一存在疟疾的地区，在1—4月的旱季，只有要前往丛林地区或者在南部长久停留的游客才需要打预防针。建议在出发前向热带研究机构咨询相关信息。

菲律宾

潜水爱好者的天堂:科伦岛附近的海底世界神奇又多彩

布桑加岛

(Busuanga Island)(折页C8)这座位于巴拉望岛北方的岛屿是卡拉棉群岛(Calamian Group)最大的岛屿。

根据飞机型号,从马尼拉飞往这里大概需要60~90分钟。岛上大部分地方散落着在吃草的牛群,由菲律宾放牛人看管着。玉洛王农场(Yulo King Farm)是整个亚洲最大的养牛场。崎岖不平的道路直接穿过这些畜牧场。布桑加岛(Busuanga Island)在探索沉船的潜水爱好者中间相当出名,因为在它的南海岸附近有很多沉没的日本军舰。

科伦(Coron)镇上有很多度假酒店,为潜水假期提供了良好的基础。它附近的迪玛凯亚岛(Dimakya),是度假者的热带天堂,而桑安特岛(Sangat)对于自然爱好者来说则是梦想乐园。

美食

科伦镇中心的市场上有很多小吃馆,以及美人鱼餐厅(La Sirenetta)或者科伦小酒馆(Bistro Coron),地址是多恩佩德罗街(Don Pedro Str.)。此外几乎所有的度假酒店都自带餐厅,这里的牛排味道非常棒。Kawayanan Grill餐厅不仅有乡村风格的装饰,而且提供传统的当地美食和烧烤。

Badjao Seafront

这是巴拉望最受欢迎的餐厅之一。餐厅位于隐秘的红树林内,风景迷人,是极佳的休闲场所。提供各式菲律宾口味的海鲜,烤肉等。🏠 Abueg Road, Puerto Princesa, Palawan Island 5300

巴拉望岛

Philippines ⓒ 周一至周日 10:00—23:00 ¥ 1000 比索

休闲/运动

跳岛游

在科伦您可以找到热闹的沙滩和幽静的海滩。还有什么能比租条船和船员来次出海游更令人心动的呢？许多度假酒店提供一日游，更有趣的是多日游，例如旅行社 Tao Philippines（☎ 0 92 79 53 19 96 @ www.taophilippines.com）可提供多日轮船游，住宿为旅馆或者帐篷。

住宿

天堂俱乐部酒店（Club Paradise）

这家酒店的旅客可以游遍整个迪玛凯亚岛，这里的沙滩长达700米，即使没有小船，完好的珊瑚礁也为潜水提供了可能性。迪玛凯亚岛是罕见的海牛保护区，酒店有提供**海牛观光一日游**（Dugong Day Trips），可搭乘小艇前往海牛觅食的海草区域。除此之外，浮潜是每个到这里的游客都不应该错过的体验。舒适的住宿场所分布在小岛各处，还有坐落在日落沙滩（Sunset Beach）上的豪华别墅。天堂俱乐部酒店有餐厅、游泳池、潜水中心，并且提供去布桑加机场的交通服务。有20间客房和40小屋间。¥ ¥ ¥ ¥ ☎ 0 27 19 69 71 @ www.clubparadisepalawan.com

椰子花园度假酒店和餐厅（Kokosnuss Garden Resort & Restaurant）

这家酒店的客房大小不一，装潢风格各异，但都具有典型的乡村特色，位于科伦大花园内。酒店还经常组织徒步之旅和浮潜之旅。有16间客房和10间小屋。¥ ¥ ☎ 0 91 94 48 78 79 @ www.kokosnuss.info

桑安特岛度假酒店（Sangat Island Resort）

这座小岛不仅是休闲之旅的好去处，也适合想要深潜和浮潜的游客。这家生态度假村以其世外桃源般的自然环境吸引着游客。如果想在这里独处4个星期或更长时间的话，可住在桑安特岛前面的鲁宾孙漂流小木屋（Robinson Crusoe Cottage）。酒店具有乡村田园的建筑风格，还有潜水中心和皮艇。有12间小屋和1套别墅。¥ ¥ ¥ ¥ ☎ 0 91 64 00 88 01 @ www.sangat.com.ph

必游景点

★ **科伦岛**
珊瑚礁、清澈的湖泊、双子湖。
→ P.88

★ **爱妮岛和柏库德群岛**
在小岛上随处可见环礁湖，美丽的小岛仿佛南太平洋上的童话世界。→ P.88

★ **图巴塔哈群礁**
这里有各种各样的稀有珊瑚和鱼类。→ P.94

★ **地下河国家公园**
气势宏伟的洞穴及世界上最长的可通行地下河。→ P.94

菲律宾

在爱妮岛的原始丛林徒步旅行

周边景点

卡拉依特岛（Calauit Island）（折页C8）

卡拉依特岛位于布桑加岛的西北端，前总统费迪南德·马科斯（Ferdinand Marcos）20世纪70年代中期曾在这里养过不少非洲野生动物比如长颈鹿斑马、羚羊等。您可以选择在敞篷卡车上度过几个小时，进行一场环岛之旅，建议您请一个经验丰富的导游来增长自己的见识。

从布桑加岛出发的游轮费大概为4000比索，同时，游客还需要支付400比索的门票费和500比索（根据参团人数而定）的导游费。

科伦岛（Coron Island）★（折页C8）

科伦岛有壮观的珊瑚礁，在它石灰岩地层中间有7个呈现绿松石颜色的淡水湖。从科伦镇出发需要坐船15分钟（¥200比索），然后还需走很长一段路才能来到令人着迷的凯央根湖（Lake Kayangan）。周围热带植物环绕，湖水晶莹剔透，让人忍不住想畅游一番。潜水爱好者通常会乘船（¥100比索）去梭鱼湖（Lake Barracuda），因为这里的海水、淡水以及微咸的水层形成了一个美妙的水下世界。通往这两个湖的道路比较崎岖，请记得穿舒适的户外鞋。科伦岛另一个吸引人的景点是双子湖（Twin Lagoon）。顾名思义，双子湖就是通过狭长的隧道将两个潟湖连接起来而形成的湖泊。

爱妮岛和柏库德群岛

（El Nido and Bacuity Archipelago）（折页C9）★爱妮岛（El Nido）位于巴拉望岛的西北方，因其美丽的自然景色而出名。爱妮岛濒临广阔的海湾，有着极其美丽的沙滩，周围是陡峭的悬崖。爱妮岛前面有着无数小岛，这些小岛共同组成了★柏库德群岛，这里基本上无人居住。柏库德群岛有着令人着迷的潟湖，并且它的海洋生态保护区有丰富的生物资源，海底世界极其漂亮。虽然爱妮岛的基础设施非常落后，经常会没电，既没有固定电话，也没有银行，但这些也无法掩盖其美丽景色，更无法阻止越来越多的游客前来游玩。这点也从扩建的酒店就可以看出来。除此之外，这里交通便利，距离马尼拉非常近，在马尼拉也有飞往爱妮岛的航班。

巴拉望岛

景点

爱妮岛

爱妮岛的西班牙语意思为"燕窝",它的名字就揭示了其珍贵之处:在岛上的石灰岩壁上有燕窝。

燕窝在东南亚十分流行,当地人称为 balinsasayaw。白色燕窝在国际市场上的价格可达每千克人民币 4.8 万元。据说燕窝有对抗疾病、提高免疫力的功效,特别是在中国备受欢迎。在金钱利益的驱动下,当地人不顾危险,攀岩走壁采集燕窝。

美食

沿着滨海大道的度假村的餐馆里,有各式各样的海鲜产品。推荐您去海参酒吧餐厅(Sea Slugs Bar & Restaurant 8:30 至次日 1:00 ¥ ¥ 09 20 36 90 23),它紧靠着沙滩,是非常理想的聚会地点。您可以开怀畅饮,可以一边享受菲律宾或者欧洲美食,一边欣赏海湾美景。海鲜爱好者可以去爱妮岛街角餐厅(El Nido Corner Restaurant 11:00—22:30 ¥ ¥ ¥ 0 92 86 73 64 14),这里有刚打捞上来的海鲜。想坐在露台一边吃晚餐一边欣赏海湾美景的话,需打电话提前预订。

休闲/运动

潜水在这里是十分受欢迎的活动。在爱妮岛有很多组织提供服务,例如巴拉望潜水(Palawan Divers Hama St. 0 93 99 58 10 76 www.palawan-divers.org)。

如果您有兴趣徒步、爬山的话,可以向爱妮岛服装艺术咖啡馆(El Nido Boutique and Art Café)咨询(Serena St., El Nido 0 92 09 02 63 17 @ www.elnidoboutiqueandartcafe.com),在那里您也可以租赁一条赛艇周游柏库德群岛,这家咖啡馆同时也是旅行社、货币兑换所和外国游客的聚会场所。非常推荐这里的早餐。浮潜者的天堂则是马丁洛克岛(Matinloc)前面的塔派尤坦海峡(Tapiutan Strait)。马丁洛克岛上有一个秘密沙滩(Secret Beach),游客只能通过游泳穿过熔岩山崖中间的通道才能到达这个秘密沙滩。值得注意的是一定要在风平浪静的时候出发。如果您想了解岛上世界的特别之处,建议在划艇之旅(Kayak Island Trip 0 91 76 24 77 22 @ www.kayakislandtrip.com)预订 2~4 天的划艇行程。

住宿

爱妮岛的住宿条件不是很好,但是也不便宜。大多数的旅店位于滨海大道,那里晚上经常有派对,所以不是很安静。在 12 月到次年 5 月的旅游旺季,如果没有事先预订酒店客房的话,直接去找住宿通常是很困难的。位于柏库德群岛上的漂亮的度假酒店一般都可以坐船到达。

多拉根海滩度假村酒店(Dolarog Beach Resort)

这家酒店位于爱妮岛南边一个非常安静的沙滩旁,从这里可以眺望到柏库德群岛美丽的风景。酒店提供全膳食服务,还有休闲娱乐活动:游泳、跳岛游、潜水以及风帆运动。有 8 间客房和 10 间小屋。¥ ¥ ¥ 0 91 98 67 43 60 @ www.dolarog.com

菲律宾

米尼洛岛爱妮岛度假酒店（El Nido Miniloc Island Resort）

这家酒店是巴拉望岛最好的酒店之一。几间富有情调的小屋直立在水面上，其余小屋则坐落于沙滩上或悬崖脚下。这里配有游泳池和餐厅（全膳食），还可以潜水。除此之外，在附近的拉根岛（Lagen Island）上也有一家连锁酒店。有50间小屋。

🏠 米尼洛岛 📞 0 29 02 59 85 @ www.elnidoresorts.com ￥￥￥

拉里阿伯特海滩别墅酒店（Lally & Abet Beach Resort）

这家酒店在20世纪80年代中期的时候是一家专为背包客提供住宿的小旅馆，现如今已发展成为一家有名的沙滩酒店，并且有自营的餐馆，可提供当地美食和海产品，这里离爱妮岛繁华的市中心只有几步之遥。如果您想住在一个安静的环境，但又想晚上去市中心闲逛，这绝对是最佳的住宿地址。酒店也提供跳岛游服务。有36间客房。📞 0 92 09 05 68 22 @ www.lallyandabet.com ￥￥￥

问询中心

游客咨询中心（Tourist Office）

🏠 爱妮岛塞万提斯路（Calle Real, El Nido）📞 0 91 78 41 77 71

CITY 从这里出发

黎刹大道（Rizal Avenue）：了解这座城市最好是从主街的最西边开始，这里有城市的宗教中心——大教堂。沿着黎刹大道闲逛，您会经过巴拉望博物馆以及众多商店和餐厅。建议搭乘出租车前往。

普林塞萨港

（Puerto Princesa）（折页B10）

作为巴拉望省的首府，普林塞萨港人口约25万可以说是菲律宾最干净的城市，并且获得了环保奖。

普林塞萨港前任市长黑格多恩

在普林塞萨港的大教堂前面矗立着菲律宾民族英雄黎刹的塑像

巴拉望岛

（Edward S. Hagedorn）是德裔菲律宾政治家，他仅用几年的时间就将这座大城市发展成菲律宾的生态中心。

普林塞萨港位于巴拉望岛的中部，是参观景点塔博洞穴和地下河国家公园的最佳出发点，当地居民善良友好。从马尼拉飞到这里大概需要1个小时。

景点

大教堂（Cathedral）

不同于普林塞萨港这座城市灰沉沉的风格，这座新哥特式的教堂呈现出闪亮的白色。🏠黎刹大街（Rizal Avenue），靠近港口

巴拉望遗产中心（Palawan Heritage Center）

这里以现代的博物馆教育方法，十分生动和直观地展示了菲律宾的历史和文化。🏠省首都大厦，费尔南德兹街和黎刹大街交叉口（Provincial Capitol Building, Fernandez Str., Rizal Ave. 🕐 周一至周五 8:00—17:00 ¥ 50比索）

巴拉望博物馆（Palawan Museum）

如果您想了解巴拉望岛的历史、文化及风俗，这家博物馆就值得一看。馆内展出一些新石器时代的塔博洞穴的文物。🏠旧市政厅门多萨公园内（Old City Hall, Mendoza Park）🕐 周一至周六 8:30—12:00, 13:30—17:00 ¥ 50比索

当地销售 ▶ 吊脚楼

除了川流不息的货轮和渡轮外，普林塞萨港口还有一番特别的景象：那里一代又一代的渔民生活在传统的吊脚楼里，这种别样的建筑景致是摄影的好题材。但是拍照时请尊重渔民的意愿，因为他们的经济条件处于普林塞萨港的最底层，不一定想让自己的生活方式被记录下来。

美食

普林塞萨港是几百名越南船民的新故乡。在马尔瓦尔街（Malvar Str.）上的公共市场（Public Markt）或者黎刹外大道的机场附近您可以找到这些越南船民开的 当地销售 ▶ 越南餐馆（pho vietnamese restaurants），推荐您品尝越南米粉。相对于口味比较清淡的菲律宾当地美食来说香料浓重的越南美食可以调剂下口味，十分受普林塞萨港市人民欢迎。

Badjao Seafront Restaurant

在这家露天餐厅可以眺望普林塞萨港的美丽景色，它是海鲜爱好者的朝圣之地，在食客中口碑相当好。🏠艾布衣格路（Abueg Road）🕐 11:00—22:00 ¥ ¥¥~¥¥¥ 📞 04 84 33 99 12

Ka Lui Restaurant

这家餐厅以竹木为装饰，风格浪漫，提供泰国、菲律宾、印度尼西亚等国风味的菜肴，同时也供应新鲜的海鲜。晚上就餐需提前预约。🏠黎刹外大道369号（369 Rizal Ave. Extension）🕐 11:00—14:00, 18:00—23:00 ¥ ¥¥ 📞 04 84 33 25 80 @ www.kaluirestaurant.com

菲律宾

住宿

Hotel Fleuris

这家位于市中心的中型酒店有 3 层楼，房间宽敞，装修良好，设有游泳池、餐厅和咖啡厅。有 47 间客房。🏠 拉曹街（Lacao St.）💴 ￥￥ 📞 04 84 34 43 38 @ www.fleuris.com

Puerto Pension

波多宾馆位于市中心，周围环境清幽。房间主要用竹木家具装饰，同时配备有风扇或者空调，非常舒适。它的餐厅位于屋顶阳台，可以在享受美食的同时欣赏美丽的海湾景色。更让人惊喜的是带酒吧的绿色庭园。除此之外，酒店还提供免费的机场酒店接送服务。有 22 间客房。🏠 马尔瓦尔街 35 号（35 Malvar St.）💴 ￥~￥￥ 📞 04 84 33 29 69 @ www.puertopension.com

问询中心

城市旅游咨询中心

🏠 黎刹外大道机场大楼（Airport Compound Rizal Ave. Extension）📞 04 84 34 42 11

省区游客咨询中心

🏠 Provincial Capitol Building Rizal Ave. 📞 04 84 33 29 68

景点

布鲁克斯波因特（Brooke's Point）（折页 A10-11）

这座新兴港口城市离普林塞萨港 150 多千米远，由 19 世纪时加里曼丹北部沙捞越的统治者，英国男爵詹姆斯·布鲁克（James Brooke）建立。1934 年在这里发现了世界上最大的珍珠——超过 6 千克的老子珍珠，布鲁克斯波因特因此出名。如今该城市致力于发展绿色生态旅游。

🌿 Mt. Maruyog Farm and Garden Resort（有 8 间客房 💴 ￥￥ 📞 0 91 58 27 20 10 @ www.maruyogresortpalawan.com）提供舒适的房间，您还可以体验生态建筑的特别之处。马如约山（Mt. Maruyog）海拔 1024 米，值得一游。有兴趣的游客可以爬巴拉望岛的最高山曼塔林加汉山（Mt. Mantalingayan），海拔 2085 米。马尼特瀑布也是非常值得一去的，在这里您可以体验富含硫黄的温泉浴。从普林塞萨港到布鲁克斯波因特全程 12 千米，坐出租车大概需要半个小时。

宏大湾（Honda Bay）（折页 B10）

宏大湾南面和北面 10 千米以内有无数小岛。可以在蛇岛（Snake Island）和班丹岛（Pandan Island）清澈的海里潜水。成千上万的蝙蝠栖息在蝙蝠岛（Bat Island）。普林塞萨港的旅行社或酒店提供的跳岛游服务里就有宏大湾这一站。

伊瓦希监狱（Iwahig Penal Colony）●（折页 B10）

距普林塞萨港西北约 25 千米处，有一个监管非常宽松的监狱，这里大约有 2000 名囚犯在广阔的农场工作。其中超过一半的囚犯不认识看守，他们甚至可以自由进出宿舍。他们白天在监狱的农场工作。一部分囚犯跟家人一起生活，他们的孩子甚至可在监狱里上学。游客是受欢迎的，有专人带他们参观这

巴拉望岛

个监狱农场,参观时需登记并出示证件。

游客可在监狱商店购买囚犯自己制作的工艺品。根据官网统计,这里重新犯罪率要比普通监狱低得多,并且几乎没有逃犯。🚌 从普林塞萨港搭乘吉普尼或出租车

巴拉望蝴蝶园(Palawan Butterfly Garden)(折页 B10)

普林塞萨港向南 8 千米的地方有个非常受游客欢迎的景点——蝴蝶园。那里,五彩的蝴蝶绕着花园轻盈飞舞。如果您想了解蝴蝶的种类和栖息地,蝴蝶园友好的工作人员非常乐意为您讲解。🏠 圣莫尼卡市朋克豪斯路(Bunkhouse Road Santa,Monica) 🕘 9:00—17:00 ¥ 50 比索

巴顿港(Port Barton)(折页 B9)

近年来,越来越多的背包客和避世者来到巴拉望西海岸。这个港口风景如画,靠近帕格达南海湾(Pagdanan Bay),周围被许多美丽的岛屿围绕。普林塞萨港现如今铺设好了部分道路,巴顿港的旅游业也逐渐发展起来。在巴顿港城市的腹地有一个瀑布,瀑布下的水潭是天然的游泳池。这里的蓝天碧海以及前面的小岛都呼唤着游客去浮潜。潜水爱好者可联系 Aquaholics(📞 0 92 96 28 04 25 @ www.portbartondiving.com),快来探索这里的水下宝藏吧。

推荐去 👽 秘密天堂自然保护区沙滩度假酒店(Secret Paradise Nature Reserve & Beach Resort)过夜,酒店有 3 间客房,7 间小屋和 1 间卧室。(🏠 海龟港 ¥ ¥¥~¥¥¥ 📞 0 91 55 46 08 88 @ www.secretparadiseresort.com),政府尽全力保护在这里产卵的海龟。每年的 12 月至次年 4 月是观看小海龟孵化的绝佳时机。

塔博洞穴(Tabon Caves)(折页 A11)

1962 年,科学家在巴拉望岛西南海岸的奎松(Quezon)村庄附近的洞穴内发现了人类的遗骸和新石器时代的工具。这个人种被称为塔博,据推

巴顿港前的岛屿

菲律宾

断，塔博人2.2万年前就生活在这里了，应该是菲律宾最早的智人。这里共有约200个洞穴，其中一小部分被用作研究，只有7个洞穴能参观。如果您对人类考古有兴趣的话，可以去马尼拉的国家博物馆参观这里出土的文物。塔博洞穴离普林塞萨港100千米，如果您想参观的话，建议在普林塞萨港多停留几天。

泰泰（Taytay）（折页C9）

西班牙殖民初期，这座位于东北海岸的渔业城市曾是巴拉望的首府。如今的泰泰是一个宁静的地方，它吸引人的景点有建于1667年的圣伊萨贝尔堡（Fort Santa Isabel）以及美丽的港湾泰泰港。可以在爱普利特岛（Apulit Island）或者花岛（Flower Island）度过一个愉快的假期。

爱普利特岛度假酒店有50间小屋（Apulit Island Resort）¥¥¥ 02 90 25 94 @ www.elnidoresorts.com），是游客绝佳的住宿选择，这里的小屋矗立于晶莹的水面之上，后面是白色的沙滩和绿色的山崖，风景非常优美。海龟和热带鱼在潟湖里悠然自得地游泳。家庭小屋（family cottages）位置极佳。酒店设有潜水中心，小型游泳池和餐厅（全膳食）。酒店提供至爱妮岛机场的接送服务。**当地精选 花岛度假酒店** 有7间小屋和4间客房（Flower Island Resort）。¥¥¥ 02 89 36 45 55 和 09 17 50 45 56 7 @ www.flowerislandresort.com），它位于花岛上，竹子洋房和餐厅（全膳食）都建在棕榈滩上。白天您可以在阳台上的吊床上休息，也可以去潜水。可从爱妮岛或者普林塞萨港出发

图巴塔哈群礁（Tubbataha Reef）★●（折页C10）

30年前海洋学家杰克斯·库斯托（Jacques Cousteau）曾盛赞图巴塔哈群礁并称其为"前所未见的美丽"。图巴塔哈群礁位于普林塞萨港东南181千米外的苏禄海中，属于海洋生态保护区域，已被联合国教科文组织列入《世界遗产名录》。这里栖息的海洋生物种类多样，海洋生物学家曾研究过这里有300多种珊瑚和380种鱼类，其中最多的物种是蝠鲼、海龟和鲨鱼。

图巴塔哈群礁如今只在3月中旬到6月中旬开放，从普林塞萨港出发一周的时间大概需要2000欧元。@ www.tubbatahareef.org

地下河国家公园（Underground River）★（折页B9）

地下河国家公园位于普林塞萨港（ 8:00—17:00 ¥ 400比索），普

省钱有道

背包客可以选择住在Aniceto's Pension，这里提供简洁的房间，有空调或风扇，更为划算的是不带私人浴室的客房。厨房和网络是免费的。在旺季这里总是人满为患，建议电话预订。共17间房。普林塞萨港雷诺索街71号（71 Reynoso St., Puerto Princesa） 04 84 34 66 67 @arctess2@gmail.com

在雨季，主要是七八月份，巴拉望群岛的豪华酒店多有优惠。因为相对于米沙鄢岛，台风对巴拉望岛的影响小得多，建议在7、8月之前前往并度过一个悠闲的假期。

巴拉望岛

地下河是通往让人惊叹的洞穴世界的入口

林塞萨港西北海岸的地下河长达8千米,是世界上最长的地下河,在2012年被评为"新世界七大自然奇观"之一,您在结束参观后就自然会明白其成因。坐着划艇深入,您会逐渐揭开洞穴世界神秘的面纱。在宽阔的地下河世界,美丽的钟乳石和石笋让人不得不被大自然的鬼斧神工所折服。

普林塞萨港的旅馆会组织地下河公园旅游团,坐车需要两个多小时,另外还有25分钟的坐船时间。您还可以选择住在萨邦海滩(Sabang Beach)边上的达卢恩海滩及避暑山庄度假酒店(Daluyon Beach & Mountain Resort,共27间房 ¥¥¥¥ ☎ 0 91 78 92 63 16 @ www.daluyonbeachandmountainresort.com)。参观地下河国家公园必须事先向普林塞萨港的地下河旅游办事处(Underground River Booking Office 🏠 City Coliseum, Peneyra St. ☎ 04 84 34 25 09 @ www.puerto-undergroundriver.com)或者向萨邦码头边上的国家公园游客中心(Park Visitor Center)申请。

野生动物救护中心(Wildlife Rescue and Conservation Center)(折页B10)

野生动物救护中心离普林塞萨港市中心有大概半个小时的车程,这里有两个濒临灭绝的鳄鱼品种。几十只小鳄鱼在游泳池快活地戏水,成年鳄鱼则生活在池塘里,这些动物以后会重新回归大自然。这个国家公园里还栖息着不少其他珍稀动物,如猴子和鸵鸟。🕐 周一至周五 13:00—17:00,周六 9:00—17:00 ¥ 75 比索

棉兰老岛

　　棉兰老岛是菲律宾第二大岛。位于菲律宾群岛东南部。面积约9.75万平方千米。人口2500多万。东南部的阿波比火山为全国最高峰。气候炎热多雨，大部分地区覆盖热带雨林。

　　自然环境的多样性赋予了棉兰老岛丰富的矿产资源和美丽的自然风光。这里不仅有野生山林，还有澄澈的湖泊和原始沙滩。

　　这座菲律宾南部的海岛是众多民族的家园，2500多万人口中有华人、印度尼西亚人、马来西亚人以及岛上的土著，如曼达亚（Mandaya）族和T'boli族。此外，棉兰老岛上穆斯林人口也非常多。

棉兰老岛海岸线曲折,众多迷人的海湾和大面积的热带雨林都是它得天独厚的旅游资源,令游客心驰神往。

卡加延德奥罗

(Cagayan de Oro)(折页 G11)曾经的卡加延德奥罗是黄金开采之地(Oro 在西班牙语里意为黄金),如今这座繁华的港口和大学城市的南部为大型菠萝种植园,总人口约60万。

卡加延德奥罗是非常理想的周边城市游的出发地,从马尼拉飞过来大约需 90 分钟。

菲律宾

菲律宾鹰：可从顶部的须状羽识别，现属于濒危动物

景点

德奥罗博物馆（Museo de Oro）

这里记载着棉兰老岛少数民族的历史。🏠 泽维尔大学科拉莱斯大道（Xavier University Corrales Ave）🕐 周二至周五 8:00—11:30，13:30—16:30；周六 8:00—11:30 ¥ 60 比索

美食

在维莱斯街（Velez Street）上您可以找到众多餐馆，有西餐或当地美食可供选择。

休闲与运动

漂流

在卡加延德奥罗的野外，您可

省钱有道

周五或周六晚上可以去卡加延德奥罗的夜市逛一圈。夜市在利未苏利亚广场（Plaza Divisoria），您可以看到一排又一排的摊位，可以买到衣服、鞋子、手机和纪念品，您还可以在夜市的大排档品尝美味又便宜的当地食物。

您想以便宜的价格购买到当地的手工艺品吗？记得在达沃的 Aldevinco 购物中心购物时，预留点时间跟商家讨价还价。🏠 Recto Ave

棉兰老岛

以漂流,体验心跳加速的感觉。记得在 Great White Water Tours 预订包含交通费用的服务。🏠 Upper Carmen 📞 08 88 51 78 56 @ www.riverraftingcdo.com

住宿

Grand City Hotel

这家酒店位于市中心,房间温馨舒适,带空调,设有餐厅和酒吧,性价比极高。有 78 间客房。🏠 Don A. Velez St., R. N. Abejuela St. ¥ ¥ 📞 08 88 57 19 00 @ www.grandcityhotelscdo.com

问询中心

当地游客咨询中心

🏠 Gregorio Pelaez Sports Center, Don A.Velez St. 📞 08 88 56 40 48

周边景点

当地精囊 甘米银岛（Camiguin Island）（折页 G10）

这是一座火山海岛,岛上有 5 座活火山,僻静的沙滩、瀑布、棕榈树和美味的椰色果(一种口味偏甜的水果),让人觉得自己仿佛置身于伊甸园里。🚌 从宿务坐飞机或者从卡加延德奥罗坐车或者轮船就可到达。住宿推荐 Volcan Eco Retreat & Dive Resort,有 15 间客房。🏠 Naasag ¥ ¥ ¥ 📞 08 83 87 95 51 @ www.camiguinvolcanbeach.com

马拉萨格花园生态旅游村（Gardens Of Malasag）（折页 G11）

这个花园般的村庄位于卡加延德奥罗东南部 12 千米处,设有民族学博物馆,还有一个部落村庄。🏠 马拉萨格（Malasag）🕘 9:00—18:00 ¥ 40 比索

达沃

（Davao）（折页 G12）作为菲律宾的第二大城市,达沃（人口约 145 万）位于棉兰老岛东南海岸。这座新兴城市文化的多元性给人留下深刻印象,其水果市场和兰花农场也值得一看。达沃没有真正的城市中心,大多数景点都是在城市外围。

景点

达沃博物馆（Museo Dabawenyo）★

这里主要展出棉兰老岛南部的穆斯林少数民族的房屋、武器和乐器。🏠 圣佩德罗街（San Pedro Str.）🕘 周一至周六 9:00—12:00,13:00—18:00 ¥ 免费

美食

Claude's Le Café de Ville

食物可口,环境舒适。🏠 29 Rizal St. 🕘 周一至周六 11:00—23:00,周日 18:00—23:00 ¥ ¥ ¥ ¥ 📞 08 22 22 42 87

菲律宾

Luz Kinilaw

这家餐厅提供未经烹饪的食材，特色菜是腌制的生三文鱼。🏠 Sta. Ana Wharf ⏰ 9:00—21:00 ¥¥¥

Bon Appetit! La Boutique

菲律宾最受欢迎的法国传统餐厅。主打正宗法式大餐，提供熟食拼盘、蔬菜汤、鞑靼牛排、鸡筋饼等。店内餐点均为法国店主兼大厨Yves亲自制作。🏠 Plaza Del Carmen, Loyola Street, Barrio Obrero, Davao City, Mindanao 8000, Philippines ⏰ 周一至周日 11:00—23:00 ☎ 6 38 23 00 31 86

Caitlyn's Dumpling Bar

这家中式餐厅提供各类糕点。主打菜是广式虾饺和buchi（炸过的糯米团子，上面撒有芝麻籽，里面包了绿豆馅，也有巧克力馅的）。环境舒适，性价比很高。🏠 86 Circumferential Road, Marfori Heights, Davao City, Mindanao 8000, Philippines ⏰ 周一至周日 09:00—23:00 ¥ 300 比索 ☎ 63 92 38 88 27 77

Jack's Ridge

位于半山腰的一家餐厅，可以俯瞰整座城市。提供菲律宾海鲜等食物，建议晚上来餐厅用餐，同时欣赏城市的灯光，这简直是休闲及放松的最佳选择。🏠 Shrine Hills, Matina, Davao City, Mindanao 8000, Philippines ⏰ 周一至周日 11:00—23:00 ¥ 1000 比索 ☎ 6 38 22 97 88 30

住宿

Grand Men Seng Hotel

这家三星级酒店位于市中心，配备游泳池和一家受欢迎的中餐馆，酒店提供免费的机场接送服务。有119间客房。🏠 Magallanes St. ¥ ¥~¥¥ ☎ 08 22 21 90 40 @ www.grandmenseng.com

问询中心

城市旅游咨询中心

🏠 Pasalubong Center, Palma Gil St. ☎ 08 22 22 19 56-58 @ www.davaotourism.com

---

必游景点

★ **菲律宾鹰类保护中心**
可亲眼见到世界上最大的老鹰。→ P.101

★ **阿波火山**
菲律宾群岛的最高峰。→ P.101

★ **萨马尔岛**
小岛景色优美，有白沙滩和舞蹈表演。→ P.101

★ **达沃博物馆**
这里主要展出棉兰老岛南部的武器和乐器。→ P.99

棉兰老岛

周边景点

菲律宾鹰类保护中心（Eagle Conservation Center）★（折页G12）

在位于达沃西北35千米处的热带雨林里有一个菲律宾鹰类保护中心，负责濒临灭绝的菲律宾鹰（世界上翼展宽度最大的鹰种）的育种和保护工作。
🏠 马拉高（Malagos） 🕗 8:00—17:00 ¥ 50比索 @ www.philippineeagle.org

阿波火山（Mt. Apo）★（折页G12）

如果有人对攀登菲律宾的最高峰感兴趣的话，阿波火山是非常合适的选择，它海拔2954米，至少需要4天的攀登时间。如果没那么雄心勃勃，可以选择在这座位于达沃后花园的火山山脚下的野生森林里徒步旅行。但请不要单独出行，可以联系达沃的游客咨询中心。

萨马尔岛（Samal Island）★（折页G-H12）

从达沃出发，坐船15分钟就能到达这座瑰丽的小岛，这里有着美丽的白沙滩，非常适合一日游，您也可以在●珍珠园海滩度假村酒店（Pearl Farm Beach Resort，有70间客房和7座小别墅。¥¥¥ 📞 08 22 21 99 70 @ www.pearlfarmresort.com）度过一个悠闲的海滩假期。酒店里有家棉兰老岛之夜（Mindanao Night）餐馆，提供当地美食和传统舞蹈、音乐表演。

棉兰老岛上的黄色小渔船

独特体验之旅

① 菲律宾最美之旅

起点： ❶ 马尼拉
终点： ⓮ 长滩岛

路程： 🚌 大约 3500 千米

20 天
交通时间
约 70 小时

费　　用：	每人约人民币 1.4 万元，包括机票费用、菲律宾国内交通费、食宿和门票费。
携带物品：	游泳、潜水、徒步旅行装备以及适合各种天气的外套。
注意事项：	❺ 萨加达的洞穴之旅需提前一天预订。想要爬山的游客需要有良好的体力。

菲律宾最美之旅包括在马尼拉的游览、梯田徒步、吕宋岛的洞穴之旅以及在巴拉望或者其他小岛的沙滩之旅。

地球的每个角落都有其美丽之处。如果您想发现每个地区的独特魅力，如果您想找到值得驻足观赏的景物、震撼人心的去处、美味的餐厅……这份定制的深度旅游攻略再合适不过了。

❶ 马尼拉是本次最美之旅的起点，您可以先在 3 层高的绿地购物中心旁公园里的一家咖啡馆品尝早餐，从这里走几步路就到了阿亚拉博物馆，这里有着全菲律宾最好的展览。接着坐出租车来到因特拉穆罗斯，参观历史悠久的教堂和庄园。去圣路易斯广场的 Barbara's 饱餐一顿后，坐出租车来到亚洲购物中心。

第1天
❶ 马尼拉

上图：苏马晶洞（Sumaging Cave）

菲律宾

在购物中心购物时不要错过马尼拉湾美丽的日落,可以坐在购物中心餐厅的露天阳台边吃晚餐边享受这美丽的风光。

从马尼拉可坐车或者坐船出发,从八打雁港前往民都洛岛上的 ❷ 海豚湾,您需要两天来适应当地的热带雨林气候。在这里您可以找到各个价位的餐馆和旅馆。可以去海豚港东边的大拉古纳海滩潜水,这里晚上热闹非凡。第 3 天可以休息一下,去不太喧嚣的地方,可以在海豚港东面的安暖日落沙滩(Aninuan Beach)享受日光浴和在大海中游泳。

第 4 天坐车或坐船回到马尼拉,然后在马尼拉搭乘科达客运(Coda Lines ☎ 0 92 95 21 32 29 @ www.codalinesph.com)的夜班车前往群山环抱的 ❸ 巴拿威,这里的伊富高(Ifugao)梯田就像直入天空的云梯。您可以搭乘三轮车,登上观景点俯瞰独特的全景。在巴拿威视觉宾馆登记入住前可以先去参观巴拿威博物馆,记得去当地的游客咨询中心预订第 6 天出行的吉普尼车(最多 14 人,来回共人民币 480 元)前往东边的 ❹ 巴塔德,游览特别的梯田。

第 7 天您将前往 ❺ 萨加达,可以搭乘吉普尼车前往,先从巴拿威前往邦都(Bontoc, 1.5 小时,人民币 24 元),再从邦都前往萨加达(45 分钟,人民币 8 元)。这个悠闲的山林小村以巨大的钟乳石洞穴而闻名,到达萨加达后可参加萨加达真正导游协会(Sagada Genuine Guides Association ☎ 0 90 74 16 34 12 @ www.sagadagenuineguides.blogspot.de)组织的洞穴之旅,费用大约人民币 120 元,可以下午出发,参观苏马晶洞和龙眠洞。

在萨加达住一晚后,第 8 天可在 GL Lizardo(⏰ 5:00—13:00,约每一个小时一班车 🚌 人民币 35 元)坐车,整个车程需要 5.5~6 小

第 2—3 天

150 千米

❷ 海豚湾

第 4—6 天

500 千米

❸ 巴拿威

26 千米

❹ 巴塔德

第 7 天

80 千米

❺ 萨加达

第 8—9 天

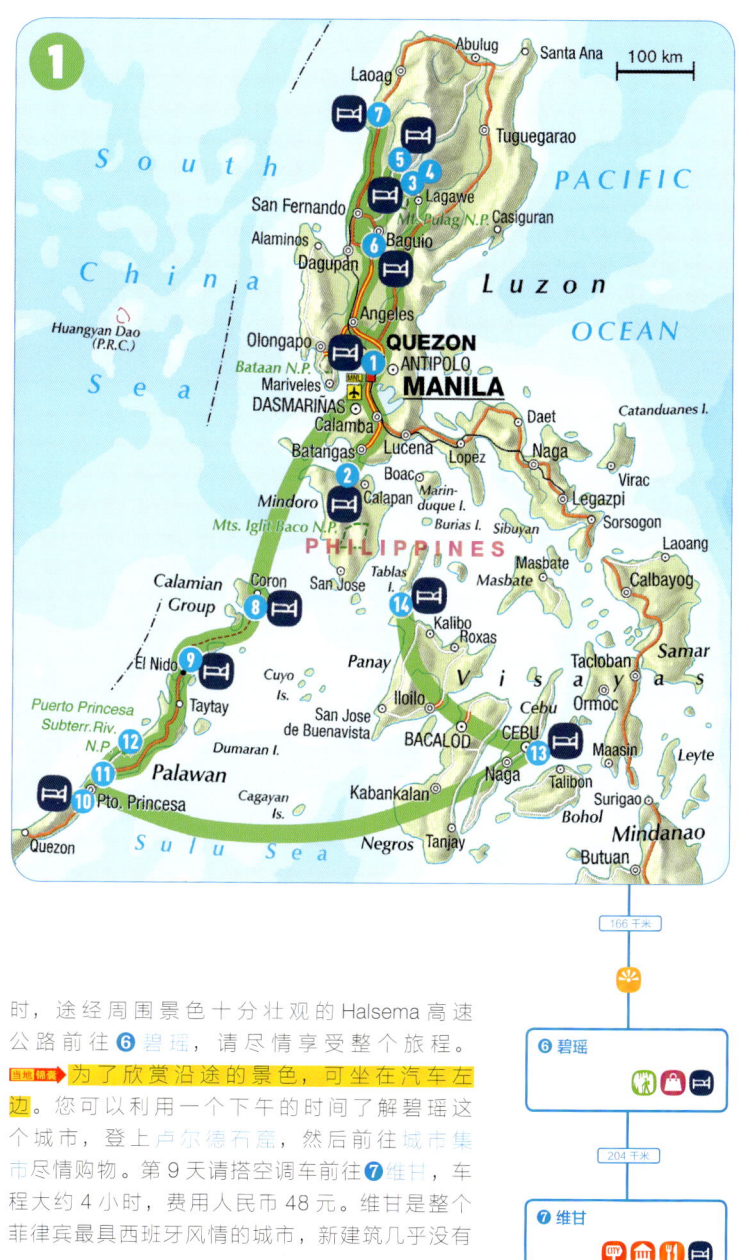

时，途经周围景色十分壮观的 Halsema 高速公路前往 ❻ 碧瑶，请尽情享受整个旅程。当地锦囊▶为了欣赏沿途的景色，可坐在汽车左边。您可以利用一个下午的时间了解碧瑶这个城市，登上卢尔德石阶，然后前往城市集市尽情购物。第 9 天请搭空调车前往 ❼ 维甘，车程大约 4 小时，费用人民币 48 元。维甘是整个菲律宾最具西班牙风情的城市，新建筑几乎没有

105

菲律宾

第10—11天

718千米

⑧ 布桑加岛

第12—13天

⑨ 爱妮岛

第14—16天

268千米

⑩ 普林塞萨港

42千米

⑪ 宏大湾

116千米

⑫ 地下河国家公园

第17—21天

696千米

⑬ 宿务市

326千米

⑭ 长滩岛

梦幻般的度假：在爱妮湾浮潜

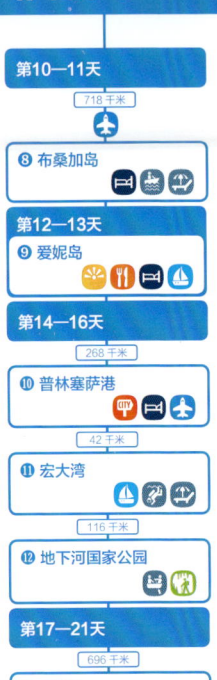

破坏旧殖民时代的街景，您可以用一个下午的时间游玩这个城市，如果中间累了，可以去 Café Leona 小憩。

第10天坐车回到马尼拉然后再坐飞机（约1小时）前往卡拉绵群岛最大的岛屿 ⑧ 布桑加岛。岛上的中心城市是科伦，可以在椰子花园度假酒店的小屋住两晚。第11天则是为跳岛游而准备的：您可以乘船游玩并在海湾边风景如画的沙滩上悠闲地散步。

第12天从科伦乘船出发，前往 ⑨ 爱妮岛，这座位于巴拉望岛北端的小岛是热门旅游目的地，岛后面矗立着一座座石灰岩悬崖，景象壮观。到达爱妮岛后先找一家滨海大道旁的餐厅吃顿晚餐，畅饮冰凉的啤酒。在岛上住宿两晚后，第13天进行一场渡轮之旅（大约人民币240元），穿越柏库德群岛，欣赏海上奇迹。渡轮之旅可以在爱妮岛服装艺术咖啡馆预订。

第14天从爱妮岛出发，搭乘 Cherry Bus（¥人民币56—72元 @www.cherrybuspalawan.com），经过6.5小时到达 ⑩ 普林塞萨港。这里可以停留3个晚上，请根据自己的喜好预订旅馆。如果下午有时间的话，可以逛逛这个巴拉望岛的首府。第2天早上热带天堂即将展现在您面前，可来次一日游（人民币200—240元元，包午餐，详情请咨询当地旅行社），前往被星星点点的小岛包围的 ⑪ 宏大湾享受浮潜和日光浴的悠闲时光。第16天前往 ⑫ 地下河国家公园进行一日游，体验这奇迹般复杂的洞穴世界。

第17天您将前往 ⑬ 宿务市，请提前购买普林塞萨港至宿务的机票。因为计划在这边住一晚，您有一个下午的时间参观这座大城市周围的道观，就坐出租车前往。第18天飞往卡迪克兰（Caticlan），然后坐15分钟船前往 ⑭ 长滩岛，您的假期将在这里结束。在这里游泳、潜水、乘船出海，时间过得飞快。可以在白沙滩上放松身心。

独特体验之旅

② 皮纳图博火山之旅

起点: ❶ 马尼拉 **终点:** ❶ 马尼拉	**4天** 交通时间 约12小时
路程: 大约520千米	

费　　用: 每人约人民币4800元，包括租车、食宿、前往皮纳图博火山的旅游（含野餐）和门票费用。

携带物品: 结实的鞋子和游泳装备。

注意事项: 前往火山区域前请在马尼拉的旅行社提前预订，推荐的旅行社有菲律宾旅行中心（Filipino Travel Center ★ Palm Plaza Hote, Adriatico St., 524 Pedro Gil St. ☎ 0 25 28 45 07 @ www.filipinotravel.com.ph）请避免在火口湖游泳，因为湖水硫黄含量过高。

皮纳图博火山海拔约1450米，苏比克湾（Subic Bay）依偎在它的山脚下，这里林立的商店和休闲公园吸引着众多游客，您可以把这里作为登山游的起点，也可以在这里跟虎鲸游泳或前往丛林进行徒步旅行。

为了避开马尼拉的早高峰，第1天请早点出发。从❶马尼拉沿着吕宋北高速公路（North Luzon Expressway）前往San Fernando，那里有一个全年都开放的圣诞村庄❷Hilaga民俗文化村（⏰每天 ¥免费）这里有些小型博物馆和纪念品商店，值得短暂停留；接着继续沿着高速驶向皮纳图博火山山脚下的❸天使城（Angeles），途中您会看到火山凹凸有致的侧影，那是1991年火山爆发留下的痕迹。您将在这个城市住两晚，可在日落花园宾馆（Sunset Garden Inn，共48间房 ★ Malabañas Rd., Clarkview ¥ ¥~¥¥ ☎ 04 58 88 23 12 @ www.sunsetgarden.com）留宿，酒店有餐厅和游泳池。

第2天您将在导游的带领下前往形状凹凸不平的熔岩峡谷，在这里来场徒步旅行，更好地了解❹皮纳图博火山月球表面般的地貌。车子只能开到火山口，下车后您将徒步攀登山路，最后抵达绿松石般的火山口湖。在湖岸边野餐也是十分惬意的。

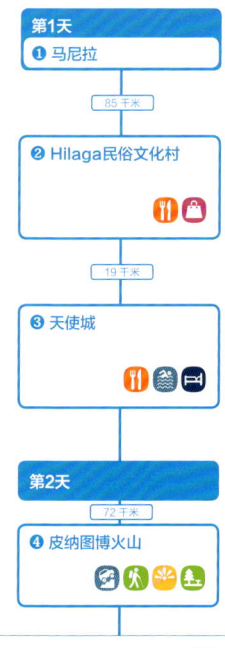

菲律宾

第3天开车前往吕宋岛的西海岸 ❺ **奥隆阿波**（Olongapo）。城市边缘是自然形成的深港 **苏比克湾**，直到1992年这里还是美国的海军基地。如今，这里成了热门旅游景点，周边建起了很多旅馆和休闲游乐处。您可以去 **海洋冒险世界**（Ocean Adventure 🏠 卡玛彦码头（Camayan Wharf）🕐 9:00—18:00 ¥ 大约人民币120元 @ www.oceanadventure.ph）游玩，公园里有个大型水族馆，那里有海豚和海狮。如果有足够大的勇气，甚至可以跟虎鲸一起游泳、潜水（¥ 约人民币640元）。晚上住宿可选择 **卡玛彦海滩酒店**（Camayan Beach Resort，共85间客房 🏠 卡玛彦码头（Camayan Wharf）¥¥¥ 🕐 04 72 52 80 00 @ www.camayanbeachresort.com）。

今天还会在 海陆 特惠 **丛林环境生存训练营**（Jungle Environment Survival Training Camp 🏠 Subic Airport 附近 🕐 8:30—17:00 ¥ 约人民币40元，团体游约人民币32~48元每人，至少5人起 🕐 04 52 52 90 72 @ www.jestcamp.com）来场特别的体验之旅。阿埃塔族人会带着游客在丛林里徒步数小时，讲解丛林的知识。此外这里还有其他景点，如鸟舍、蝴蝶公园和昆虫馆等。徒步旅游完毕后，坐车返回 ❶ **马尼拉**（车程至少3个小时）之前，可先在 **蓝岩海鲜牛排餐厅**（Blue Rock Seafood & Steakhouse 🏠 Balay Long Beach Barrio Barretto 🕐 11:00—15:30, 15:30—23:30 ¥ ¥¥~¥¥¥ 🕐 04 72 24 90 42）用餐。

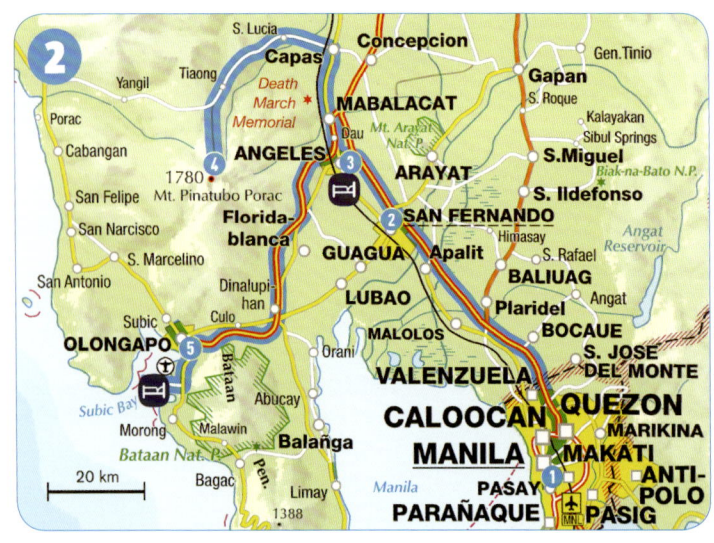

独特体验之旅

③ 热温泉与冷水浴

起点： ❶ 马尼拉
终点： ❶ 马尼拉

4 天
交通时间
约 10 小时

路程： 大约 330 千米

费　　用： 每人约人民币 4800 元，包括租车、食宿、游船、门票及火山岛的旅行费用。
携带物品： 游泳装备。

注意事项： 可在酒店直接预订游船。去火山岛旅游需注意相机的防水。

在 Los Baños 泡完热气腾腾的温泉后，将在百胜滩河中游泳，随后去泡一个热气腾腾的温泉。本次旅行的主要游玩地是塔尔火山，它是世界上最活跃的火山之一。

第 1 天尽早从 ❶ 马尼拉出发，开车驶上吕宋北高速公路（North Luzon Expressway）。在高速公路上沿着拉古纳湾（Laguna de Bay）——菲律宾最大的内陆湖泊——行驶，很快能看见马基林山（Mt. Makiling）这座被绿色植被覆盖的死火山。高速公路出口是卡兰巴（Calamba），这里是菲律宾民族英雄何塞·黎刹的出生地。按照路标和指示牌行驶，很快就来到 ❷ 黎刹博物馆（Rizal House 🏠 J. P. Rizal St. 🕐 周二至周日 8:00—16:00 💴 免费）。接着驱车前往附近的大学城 ❸ Los Baños，从它的名字就可以看出这是一片有温泉的风水宝地。住宿可以选择 Splash Mountain Resort（共 44 间客房 🏠 km 58, National Highway, Barangay Lulukay 💴 ￥￥ 📞 04 95 36 63 99 @ www.splashmountain.com），这里的水源来自附近的硫黄温泉，可以放松休息。

第 2 天跟着标识牌前往菲律宾大学（UP），并找到国际水稻研究中心（International Rice Research Institute @ www.irri.org），它位于马基林山侧翼的大学校园内。研究员在这里培育新的或者改良的水稻品种。建议参观研究所旁边的水稻博物馆（Riceworld Museum 🕐 周一至周五 9:00—17:00 💴 免费），可以

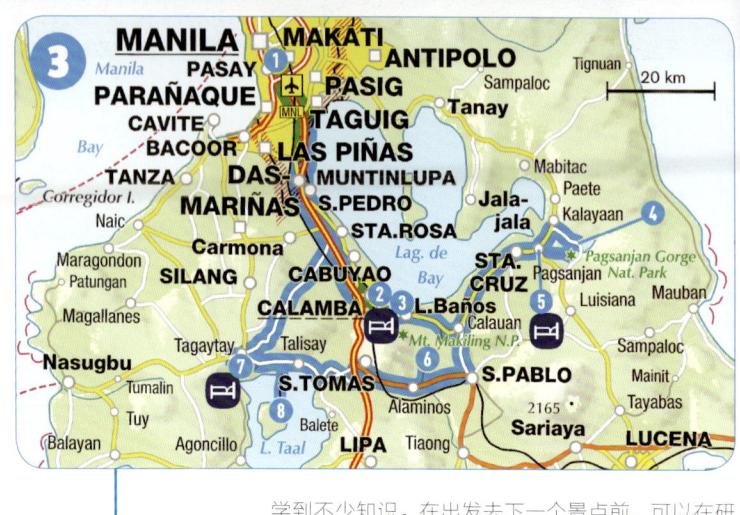

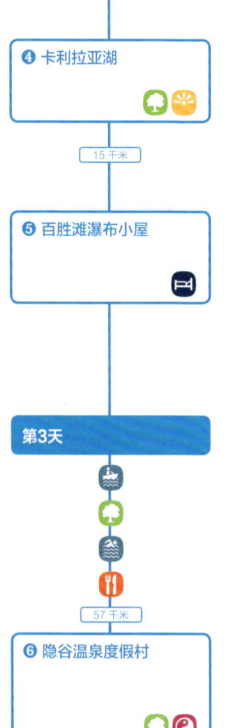

学到不少知识。在出发去下一个景点前，可以在研究所的食堂以实惠的价格品尝不同品种的水稻制成的食物。

吃完饭后继续沿着拉古纳湾行驶来到位于百胜滩东北面的 ❹ 卡利拉亚湖（Lake Caliraya）。水库旁边有个日本纪念花园（Japanese Memorial Garden ◐ 9:00—18:00 ¥ 免费），从它的眺望塔上远眺，远方的景色令人印象深刻。之后住宿可选择百胜滩外的 ❺ 百胜滩瀑布小屋（Pagsanjan Falls Lodge 共31间客房 ¥~¥¥ ◐ 04 95 01 42 51 @ www.pagsan-janfallslodge.com.ph）。这家旅馆坐落于美丽的小河旁边，虽然有些年头，但住宿条件还能接受。

第3天早上的安排是乘船游览百胜滩河。从旅馆出发，坐着独木舟沿着湍流摇摇晃晃地向上行驶，有两个船工划桨，在1个多小时的航行中您可以欣赏岛上令人赞叹的丛林景观。导演弗朗西斯·福特·科波拉（Francis Ford Coppola）的电影《现代启示录》的最后一幕就是在这里取景的。在坐船观光之旅的最后，您将换乘木筏通过 Magdapio 瀑布。您可以在瀑布后面的洞穴游泳。回程的水路则比较艰险，您将随小船逆流直上，特别是在雨季，河水的水流速度十分快。吃完饭后从旅馆向西南方向的圣巴勃罗（San Pablo）出发。再开车15千米到达 逃逸锦囊 ❻ 隐谷温泉度假村（Hidden Valley Springs Resort ◐ 9:00—18:00 ¥ 2000比索 @ www.hiddenvalleysprings.com.ph）。这里有一座隐蔽

独特体验之旅

的死火山,在阿拉米诺斯教堂前右转,沿着标识就能找到它。

度假村后面的小路通往一个小瀑布。您可以在这里的水潭里泡温泉,尽情享受。您还可以前往位于西面的大雅台(Tagaytay)火山游玩,旁边就是 ❼ 塔尔观景酒店(Taal Vista Hotel, 共 78 间客房和套间 🏠 Aguinaldo Highway ☎ 04 64 13 10 00 @ www.taalvistahotel.com ¥ ¥¥¥),您可以晚上在这里住宿。

第 4 天早上精力充沛的您将前往 ❽ 塔尔火山,这座活火山从塔尔湖拔地而起。塔尔湖游艇俱乐部(Taal Lake Yacht Club)组织的一日游值得推荐。您将先划桨船前往火山岛屿,然后在导游的带领下向火山口攀爬。最后在下午,启程返航,经过圣罗莎(Santa Rosa)回到出发地 ❶ 马尼拉。

```
        ┌─ 49千米 ─┐
        ❼ 塔尔观景酒店
        ─────────
        第4天
        ┌─ 21千米 ─┐
        ❽ 塔尔火山
        ─────────
        ┌─ 75千米 ─┐
        ❶ 马尼拉
```

④ 米沙鄢跳岛游

起点:❶ 巴科洛德市
终点:⓫ 宿务市

11 天
交通时间
约 30 小时

路程:🚌 大约 1100 千米

费　　用:	每人约人民币 1 万元,包括飞机、出租车或公共交通、坐船、食宿、门票以及双子湖和看海豚的一日游的费用。
携带物品:	结实的鞋子、潜水装备、游泳装备。
注意事项:	请提前预订宿务市的城市观光游。

从飞机上往下眺望,小岛在太阳的照射下熠熠生辉,就像墨蓝色大海里的祖母绿宝石。白色的沙滩穿过绿色的棕榈树林。如果想来场沙滩之旅,米沙鄢是再理想不过的旅游地了。

跳岛游从内格罗斯岛上的 ❶ 巴科洛德市开始,先在巴科洛德舍尔酒店登记入住,放下行李后稍事休息,上午就可以出门观光游览。下午搭乘出租车(¥ 约人民币 76 元)前往 ❷ 锡莱,这座童话般的小城市有着著名的制糖业大亨的庄园。

菲律宾

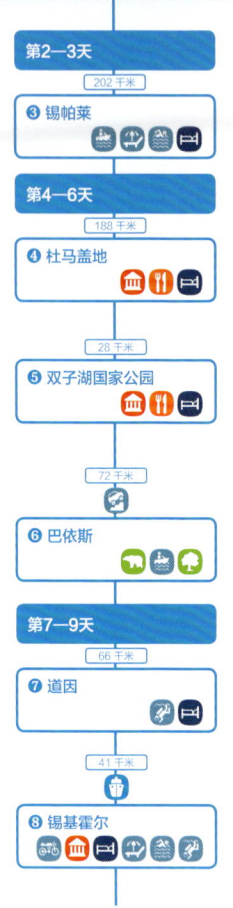

第2天早上在巴科洛德搭乘汽车向南前往 ③锡帕莱（车程5个小时，人民币48元）。在这里坐船（15分钟，5欧元）出发前往糖海滩，在金黄色的沙滩上享受日光浴。住宿推荐当地的 Takatuka Lodge and Dive Resort，这个酒店价格合理，可以为您节省一些费用，第3天热带沙滩游就有更多可以支配的资金。

第4天坐车（4.5个小时，人民币40元）前往宁静的城市 ④杜马盖地，它位于内格罗斯岛东南海岸，极具魅力。在这里您可以参观人类学博物馆，晚上则前往黎刹大道，当地佳肴 在这里您可以开启一场美食之旅，品尝各式各样的美味料理。接下来的三晚住在 La Residencia al Mar，记得在 Harold's Mansion（ 205 Hibbard Ave. 03 52 25 80 00 @ www.haroldsmansion.com）预订第5天早上的 ⑤双子湖国家公园一日游，在那里您可以坐皮艇或者徒步旅游。第6天则乘坐吉普尼（1个小时，人民币12元）前往小城 ⑥巴依斯。强烈推荐您乘船出海，来场海豚观光之旅。晚上则回到杜马盖地。

第7天搭乘迷你巴士（1小时，人民币12元）前往南边的 ⑦道因小城。这里有珊瑚礁，可以浮潜和深潜。之后住宿选在位于道因黑色火山沙滩边的埃尔多拉多海滩度假酒店。第二天早上再次坐迷你巴士回到杜马盖地，然后再坐轮渡快线（每天多班次，45分钟，5欧元）前往邻岛 ⑧锡基霍尔，这座小岛虽然落后但依旧让人感到舒适。您可以坐三轮车前往椰树林海滩度假村，在这里您会住两晚，可以向酒店租一辆摩托车（每天大约人民币64元）。然后骑着摩托车，沿着岛上72千米长的滨江大道感受着无与伦比的美丽景色。中途可以在 Bandila-An 自然公园停靠，攀爬这座岛的最高峰。第9天您可以在北端的珊都甘海滩（Sandugan Beach）上游泳，并去珊瑚礁区浮潜。

巧克力山看起来就像一颗颗巧克力豆

独特体验之旅

接着从锡基霍尔搭乘轮渡快线（4个小时，人民币64元）前往薄荷岛上的塔比拉兰。下船后直接乘坐出租车前往著名的❾巧克力山，虽然登上"巧克力顶峰"需要不少体力，但从上望下去看到的景色是令人难以忘怀的。随后乘坐出租车返回，经过塔比拉兰后继续前往❿邦劳岛上的阿罗纳海滩——今晚的住宿所在地。同样的在第11天乘坐出租车回到塔比拉兰（约人民币80元），从那里乘快船（1.5个小时，人民币32元）前往⓫宿务市，您可以利用下午的时间在Ka Bino Guerrero来个老城区半日游，探索这个喧嚣的大都市，米沙鄢跳岛游就此结束。

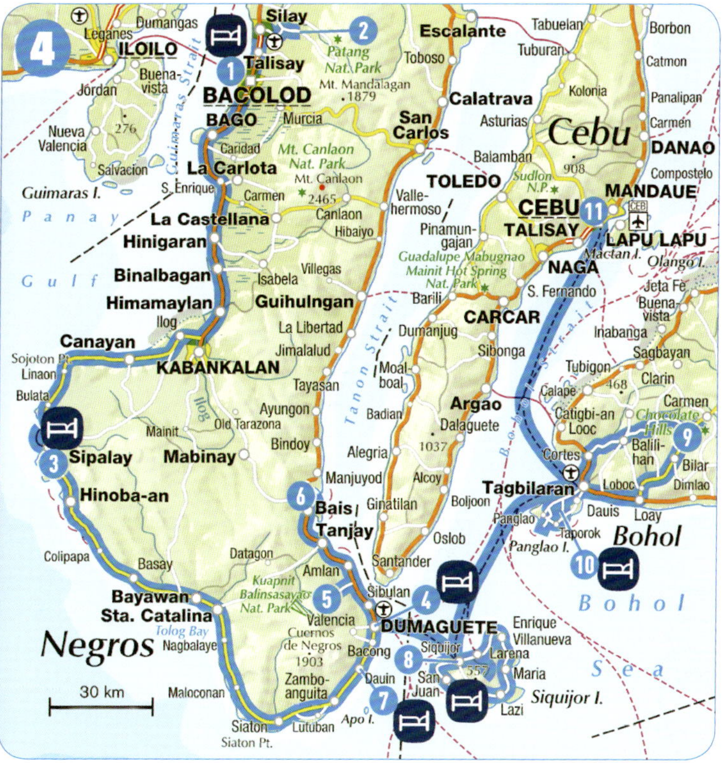

户外活动

　　岛国菲律宾的地理位置优越,适宜各种各样的水上运动。几乎所有的小岛都能潜水,一些著名的景点如阿波暗礁或图巴塔哈群礁是世界上最漂亮的潜水点。

　　风帆冲浪不再是具有异国情调的运动了,在长滩岛就可以进行风筝冲浪运动。很多地方都提供水上电单车、滑水橇和皮划艇出租服务。体力强大且喜欢冒险的人可徒步穿越丛林或攀登火山的顶峰。除此之外,游客还可以在秀丽的自然风光里运动。

高尔夫

　　高尔夫球手通常对菲律宾秀美并有着18洞或19洞的高尔夫球场赞不绝口。仅在吕宋岛就有多家18洞球场,尤以马尼拉为多。在萨维亚、长滩岛、民都洛以及棉兰老岛也能打高尔夫球。大多数高尔夫球场紧靠酒店或度假村,它们对普通游客开放,并提供高尔夫球设备出租服务。更多的信息可以查询@ www.golfingphilippines.com 网站。

帆船运动

　　虽然在菲律宾群岛帆船运动没有潜水流行,但岛上也有十几个游艇俱乐部,也对非会员开放教学课程。相对于广阔但又有难度的帆船区域,游艇俱乐部则通常位于封闭的海湾附近,靠近度假村(游艇俱乐部列表@ short.travel/phil9

上图:锡亚高岛的冲浪者

从潜水到攀登顶峰：菲律宾有着世界级的水域。

如果您想学习驾驶帆船，十分推荐民都洛岛上的海豚湾游艇俱乐部（Puerto Galera Yacht Club @ www.pgyc.org）的课程，因为民都洛的海湾是世界上最漂亮的37个海湾之一。塔尔湖中央的火山十分有名，您可以在塔尔湖游艇俱乐部（Talisay ☎ 04 37 73 01 92 @ www.tlyc.com）教练的指导下在塔尔湖扬帆起浪。

冲浪

从几年前开始菲律宾就被许多冲浪者推崇为理想的冲浪目的地。在菲律宾您可以尽情享受冲浪，但这里的基础设施建设不是很完善，去冲浪地区的交通不便利，游客往往要在路上浪费很多时间。即便如此，越来越多的国际冲浪者来菲律宾的沙滩。在菲律宾冲浪者协会的努力下，国际冲浪运动员近年来也选择菲律宾作为冲浪地点。

菲律宾

冲浪的热门地点是在棉兰老岛东北海岸的 当地推荐 锡亚高岛（Siargao Island），这里是菲律宾著名的冲浪地点。此外，吕宋岛的巴勒尔（Baler）和拉乌尼翁（La Union）也有出名的冲浪海滩。近年来这些地方，特别是拉乌尼翁的小城圣胡安（San Juan）的基础设施发展迅速（@ www.launionsurf.com）。

在所有的冲浪海滩都有专门的度假村，还有众多冲浪用品店为冲浪爱好者提供服务。这里也为冲浪初学者提供教学课程（每小时约500比索，4小时1450比索）以及出租冲浪板服务（每天约600比索）。

风帆或者风筝冲浪运动的热门地点是长滩岛上的布拉波海滩，这里的很多教学中心都提供风筝冲浪课程，例如2个小时的入门课程（约3000比索）或者12个小时的初学者课程（1.9万比索，分3天授课 @ www.globalsurfers.com）。

潜水

菲律宾群岛有无数的潜水点，其中有不少不错的地方，并且很多潜水点也适合浮潜。通常您可以直接在海湾前浮潜，您可以看到多姿多彩的鱼类穿梭在珊瑚礁中。一些地方使用炸药和毒药捕鱼，这严重危害到珊瑚礁的生存和鱼类的繁衍。令人欣慰的是，现在人们已经认识到这类捕鱼方法对生态环境和旅游业的危害。菲律宾全年都适宜潜水，最佳的时间段是12月至次年7月，这段时期的水温保持在24摄氏度至31摄氏度之间。通常3毫米的潜水服就足够了，但在炎热的3月到6月应穿短一点的。虽然潜水商店的商品质量参差不齐，但潜水学校数量众多，您总会找到优质的学校。菲律宾国内潜水的标准是PADI，乘船出海潜水一次的价格为人民币200-240元，很多地方都可以讲价。

菲律宾同样也是沉船潜水（wreck diving）和潜水探险（diving safari）的首选目的地。大多数的沉船位于吕宋岛的苏比克湾或者巴拉望岛的科伦湾（Coron Bay）附近。潜水之旅的热门地则是民都洛岛的阿波暗礁以及已入选联合国教科文组织《世界遗产名录》的图巴塔哈群礁（@ www.tubbatahareef.org），这片位于苏禄海的礁群有着菲律宾群岛最刺激的地下海域，游客可以在这里探索喧嚣的海底世界。当然，适宜潜水季节是很短暂的，每年只有3月中旬至6月中旬有从马尼拉、萨维亚或巴拉望岛出发的轮船，出海座位一票难求。更多菲律宾的潜水信息可查询 @ www.divephil.com 或 @ www.philippinen-tauchen.com。

徒步旅行与登山运动

在菲律宾登山的热门路线是皮纳图博火山、马基林山和布拉克山（Mt. Pulag）。它们都位于吕宋岛的中心，游客也可以攀登位于吕宋岛南面的马荣火山及位于棉兰老岛的菲律宾最高峰——海拔近3000米的阿波火山。菲律宾的火山和地震研究所一直持续检测境内18座活火山的情况，在登山前可向当地的游客咨询中心咨询相关信息。

另外十分推荐的是登山活动，但游客需要有当地的导游带领（¥

户外活动

1000~12000比索每天），因为大多数情况下几乎没有山路标识，除了吕宋岛的布拉克山和马基林山。请不要小瞧登山运动对体力的消耗，在热带气候环境下每登高1米就能消耗不少体力。登山的时候请务必随身携带饮用水，穿结实的鞋子、轻便的衣服以及戴一顶太阳帽，短裤和短袖则不推荐。一些地区还有水蛭，而且在热带雨林里即使是小伤口也能很快引起发炎。

最漂亮的徒步区域是位于吕宋岛北面的中央山脉，特别是巴拿威和萨加达附近。薄荷岛和巴拉望岛的丛林地带也是徒步的好去处。更多的登山信息可在菲律宾登山协会的网站上查询 @ www.mfpi.wordpress.com。

养生

菲律宾酒店有着顶级的水疗养生项目，其产品主要有治疗系按摩，佐以草药蒸汽浴、芳香疗法，还有瑜伽、冥想和养生餐。一些水疗项目主要以健康保健为主，其他的则是休闲活动和美容项目，如草药桑拿、去角质、草药治疗、精油按摩、蜂蜜面膜以及手足部美容等。您可以去日间水疗中心体验这种疗养项目，这里的价格要比豪华酒店的养生中心便宜多了。当然，豪华酒店的养生中心的环境更加优雅，洗浴和治疗设施更先进完善，职员也训练有素，所有的服务和养生项目都是为每位顾客量身打造的。一个小时的传统按摩费用为1000比索左右。

如果您在菲律宾玩够了水上项目，也可以去登山

带着孩子旅行

菲律宾是非常适合家庭游的,因为菲律宾人民的热心会感染小游客们。但是,菲律宾麻疹和其他儿童疾病要比欧洲严重得多,不过度假村感染的概率是比较小的。

在菲律宾,每个城市都有商店出售纸尿布及其他儿童用品,并且度假村可以根据需求提供保姆(yaya)服务,每小时约人民币12~30元。酒店通常设有儿童游乐设施和儿童泳池,在很多购物中心还有游戏厅。最适合还不会走路的儿童的是长滩岛,那里的沙滩宽阔空旷,而且海水不深。

马尼拉以及附近景点

当地锦囊 阿必伦动物园(Avilon Zoo)(折页D6)

动物保护在东南亚是一个棘手的问题,比如马尼拉动物园的动物就没有得到很好的照料。但是也有注重动物保护的动物园,马尼拉以东50千米远的阿必伦动物园——菲律宾本土最大的动物园——就在这方面做得很出色。这里有很多当地动物如鼷鹿还有很多爬行动物和鸟类。这里的野餐区和开放式的动物园区也给游客们近距离接触动物的机会,非常值得参观。 Barangay SanIsidro,罗德里格斯(Rodriguez), Rizal 周一至周五8:00—17:00,周六至周日8:00—18:00 700或400比索 www.avilonzoo.ph

探索博物馆(Exploreúm)(折页b5)

这个博物馆适合5岁以上的儿童。这里有飞机模拟器、互动篮球比赛、地震模拟、天文馆和其他各种儿童可以亲自动手尝试的项目。 马尼拉亚洲购物中心(Mall of Asia, Manila) 周一至周五11:00—20:00,周六、周日10:00—22:00 350比索 www.sciencediscovery.ph

拉梅萨生态公园(La Mesa Eco Parc)(折页D6)

在马尼拉再也没有其他地方比这个公园更接近自然了。在这个33万平方米的公园里儿童可以在蝴蝶园、游泳池或者迷你高尔夫球场玩耍,年龄稍大的儿童可以玩山地车或者爬山。 Quezon City 周一至周五7:00—18:00,周六、周日7:00—19:00 100比索,不包括园内其他活动费用 02 24 30 52 07

儿童博物馆(Museo Pambata)(折页b2)

马尼拉儿童博物馆是寓教于乐的典

这是一个喜爱孩子的国度：岛国菲律宾给予了孩子们最饱满的热情！

范，它将菲律宾的历史、科技、运动和文化完美地融合起来，是值得一去的好地方。🏠 Roxas Blvd. 🕐 8月至3月，周二至周六 8:00—17:00，周日 13:00—17:00 ¥ 250 比索 @ www.museopambata.org

飞溅岛（Splash Island）（折页 D6）

这个水上乐园有游泳池、巨大的滑梯和温泉。🏠 South woods Ecocentrumin Laguna，从马尼拉开车出发需 30 分钟。🕐 8:00—18:00 ¥ 周一至周四 450~500 比索，周五至周日 500~600 比索 @ www.splashisland.net

吕宋岛

埃斯库德罗庄园（Villa Escudero）（折页 D6）

在这里时间过得飞快：坐着水牛车，划着竹筏，在游泳池里游着泳，在瀑布旁吃着午餐。🏠 San Pablo 🕐 8:00—17:00 ¥ 周一至周四 1350 比索，1.2 米以下的儿童 675 比索，周五至周日 1550 比索，1.2 米以下的儿童 775 比索（门票含午餐） @ www.villaescudero.com

巴拉望岛

萤火虫（折页 B10）

普林塞萨港周边的一大特别景观是红树林里的萤火虫，可沿着伊瓦希河（Iwahig River）坐船观看。🕐 18:00 开始 ¥ 1100 比索，可在各大旅行社或者酒店预订

米沙鄢

蝴蝶农场（Jumalon Butterfly Sanctuary）（折页 F9）

在这个蝴蝶农场中有超过 50 个品种的蝴蝶绕着农场翩翩起舞。🏠 Macopa St. Basak, 宿务市 🕐 8:30—17:00 ¥ 100 比索

棉兰老岛

冒险公园（Macahambus Adventure Park）（折页 G11）

这个冒险公园适合年纪稍长的儿童，他们可以在高跷桥上用树梢锻炼平衡感或者双脚交叉勾住钢索，"呲呲"地从空中划过。🏠 Lumbia，卡加延奥罗 🕐 8:00—17:00 ¥ 300 比索

每月节庆与活动

菲律宾人不会错过任何节庆日，就这点来说他们是亚洲的佼佼者。

除了一系列的法定国家假日外，菲律宾还有很多地方性的节日和游行活动，并且大多数是多姿多彩、热闹非凡、无比喜庆的。其中最受欢迎的节日是阿提一阿提汗节，在班乃岛的阿提，节日期间此地的酒店房间都人满为患。如果一个节日正好在周二或者周四，人们通常会把它移到周一或周五，这样可以连着周末一起庆祝。商店和银行通常会在濯足节（复活节前的星期四）、耶稣受难节和12月25日关门。此外，银行在新年也会关门。

节庆 / 活动

1月

1月9日：黑拿撒勒人节（Black Nazarene）

在这天，用木头雕制的黑耶稣像将绕着马尼拉的奎亚波教堂巡游，据说黑耶稣像有着神奇的力量，凡是触碰到的人都能痊愈，其罪恶也能被赦免。

第3个周末：★阿提一阿提汗节（Ati-Atihan Festival）

这个节日是菲律宾群岛最受欢迎的节日。在班乃岛的卡利博（Kalibo），人们戴着五颜六色的面具，穿着绚丽的服装游行，纪念13世纪婆罗洲马来人的到来，整个节日会持续整整3天。

第3个周末：圣尼诺节（Sinulog Festival）

在宿务市，人们会在圣尼诺节热烈庆祝并纪念圣婴。整个节日的高潮就是成千上万的人们在街上组成游行队伍，从这里望去，就像涌动的浪潮。

第4个星期日：旅游精髓 第那杨节 / 怡朗市狂欢节（Dinagyang Festival）

在班乃岛的怡朗市人们热烈地庆祝马来祖先的到来，但是这里庆祝的人群没有卡利博多。

1月 / 2月

中国春节

在马尼拉的唐人街，春节的庆祝氛围尤其浓重。除此之外，在其他地方也有舞龙表演和乐队表演。

3月、4月

鲸鲨回归节（Butanding Arribada Festival）

3月的第1周，位于吕宋岛北部的栋索尔会庆祝鲸鲨（Butanding）的回归。节日的高潮是游行队伍拿着纸做成的巨大鲸鲨沿着栋索尔河游行庆祝。

旅游精髓 马拉辛博音乐（Malasimbo Music Festival）

每年国际顶尖音乐家，包括嘻哈、雷鬼、世界音乐、电子音乐和另类摇滚乐

的音乐家,都会齐聚在民都洛的马拉辛博山(Mt. Malasimbo)脚下,欢庆音乐节。

耶稣受难日

菲律宾的很多地方如圣费尔南多和安蒂波洛(Antipolo)(两个城市都在吕宋岛)都在耶稣受难日举行戏剧表演,耶稣的自我鞭笞和其被钉在十字架上是戏剧的高潮。而在马林杜克(Marinduque)则有为期数天的**面具节**(Moriones Festival)。

5月

5月第1周: 维甘万岁节

这个节日在吕宋岛的维甘小镇举行,节日当天人民会在街上伴着音乐欢歌热舞,此外还有马车游行。

当地馆藏▶**菲律宾丰收节**(Pahiyas Festival)

每年的5月15日,在风景如画的巴纳豪山(Mt. Banahaw)——位于吕宋岛的卢克班市——脚下,几十户农户会用蔬菜和花卉装饰房子,而年轻的夫妇则会穿着特别美丽的服饰游行并庆祝丰收。

10月

● 面具嘉年华(Mass Kara Festival)

内格罗斯岛的巴科洛德市会在10月19日前后举行狂欢节,人们会戴着五颜六色面具上街游行。

12月

大型灯笼节(Giant Lantern Festival)

在圣诞节前的周六有大型灯笼节,位于吕宋的圣费南多将会沐浴在一片灯笼的海洋之中。

节庆日

日期	节日
1月1日	新年
3月/4月	濯足节
3月/4月	耶稣受难日
4月9日	英勇节(纪念第二次世界大战)
5月1日	劳动节
6月12日	独立日(庆祝1898年从西班牙殖民统治中取得独立)
8月最后1个周日	国家英雄日
11月1日	万圣节
11月30日	博尼法西奥诞辰日(纪念革命先烈安德列斯·博尼法西奥)
12月25日	圣诞节
12月30日	黎刹纪念日

旅行随时查

网址／博客

www.die-philippinen.com 这个网站涵盖了很多信息，包括有关入境、交通、旅游城市和传染病等的信息，尤其适合初次到菲律宾旅游的人。

short.travel/phil7 这个网址值得浏览，因为吕宋岛北部的水稻梯田是最令人印象深刻的菲律宾旅游景点。

www.marcopolo.de/philippinen 互动式的网站，有旅游规划功能，还有来自论坛的旅游印象以及最新的新闻和优惠信息。

www.philippinen-tours.de/blog 想探索隐秘的旅游景点？想了解更多的菲律宾当地美食和日常生活？这个博客就是菲律宾旅游的万花筒。

www.clickthecity.com 想知道马尼拉发生了什么，商店几点开门，哪里有好吃的？这个网站就能给出建议。

www.phildreams.de/blog 这个博客的很多文章涉及菲律宾的最新动态和新闻。如果您想广泛了解菲律宾的话，可以读一读博客里的文章。

short.travel/phil2 这个网站是菲律宾旅游信息宝库，从历史到日常生活、文化、自然环境，再到具体的旅游建议都可以从这里获得。

short.travel/phil1 您想了解菲律宾的风土人情和日常生活？这个网站上有详细信息。

无论是准备出行还是已到达,这些网址都能够为您的旅程提供帮助。

www.philippinenportal.com 这是一个浏览量很大的论坛,有很多关于菲律宾的文章,不管是最新的政治发展动态还是古老的度假村。

short.travel/phil6 这个论坛有很多最新信息,还有照片、问答,值得浏览。

short.travel/phil8 这个是介绍邦劳岛和薄荷岛最好的网站。

视频/音乐

short.travel/phil4 影片介绍了位于萨邦岛和巴拉望岛的世界上最长的可通行地下河,激发您自己去探索这个独特洞穴世界的兴趣。

short.travel/phil3 看了这部影片,潜水爱好者绝对会查看图巴塔哈群礁在地球的什么位置。

short.travel/phil5 介绍马尼拉的最棒的网站。菲律宾的首都随时欢迎游客的到来。

Apps

Philippine News HD 这个App提供关于菲律宾最新的经济与政治新闻、天气预报、交通警告和其他相关信息。

City Guide 这个App有关于马尼拉的专门模块,在这个手机应用的帮助下您就不会在马尼拉这个大城市迷失方向。您还可以找到有关开放时间和旅游建议。

Philippines Travel Options 从飞机落地到离开菲律宾,有了这个App您就能在菲律宾群岛无障碍地旅游。

本出版社对以上网址提供的内容概不承担法律责任。

实用信息

到达

✈ 从北京出发直飞马尼拉需要4小时45分钟,中国国航有直飞航班,机票价格为2500元左右。另外,国泰港龙航空、国泰航空等航空公司有经香港中转飞往马尼拉的航班,机票价格为2000元左右。从马尼拉国际机场出来,20~30分钟即可到达市中心。游客也可以选择乘坐带空调的正规机场出租车(黄色、计价器,前500米花费70比索,之后每300米4比索)。从机场去往埃尔米塔或者马卡蒂需花费400~450比索。

马尼拉国际机场的安检等候区总是排着长长的队伍,如果计划去萨维亚,建议飞到宿务、新加坡、中国香港或吉隆坡。克拉克小机场(距离马尼拉约1.5小时的车程)也是不错的选择。

问询中心

菲律宾旅游部

🏠 351 Senator GilPuyat Ave(Buendia Ave.)Makati,Manila ⓒ 周一至周五7:00—18:00,周六 8:30—17:30 📞 0 24 59 52 00 30 @ www.visitmyphilippines.com

菲律宾驻中国大使馆

🏠 建国门外秀水北街23号 📞 86 10 65 32 18 72 @ www.philembassychina.org

汽车

在大城市,各种汽车杂乱无章地在路上行驶。但因为菲律宾人都很小心地开车,因此很少发生交通事故。对当地不熟悉的人很难理解路标。外国人驾车上路需要国际驾照。

银行与信用卡

金融机构在周一至周五,从8点或9点营业至15点或者16点。一般大城市里都可以兑换现金(美元、欧元、瑞士法郎优先)。在马尼拉和其他旅游中心,旅行支票不是很方便。除偏远地区外,人们可以使用信用卡或者在部分柜员机上使用EC卡提取不超过2万比索的现金。

驻外使领馆

中国驻菲律宾大使馆

🏠 1235 Acacia Street, Dasmarinas Village, Makati, Manila 📞 00 63 28 44 31 48 @ www.fmpvc.gov.cn/ce/ceph/chn

绿色出行

旅行时,您也可以改变世界,比如时刻提醒自己在旅行中尽量选择较少二氧化碳排放的交通方式,学习如何以环保的方式规划您的路线。同时也要注意,尽量保护旅行国家的自然和文化。作为游客,保护自然环境、保护区域特色、减少自驾、节约用水等保护生态环境的举措是非常重要的,请务必多加关注。

从开始到结束：旅行中不可或缺的信息。

拍照

菲律宾人不排斥拍照。在拍摄山区原住民的时候，需要支付他们一些费用。给生活在极度贫困中的他们一点酬劳。

健康

巴拉望是疟疾疫区，因此对长时间停留或者穿越雨林的游客来说，防疫非常有意义。对于长时间停留人员，肝炎、肺结核、伤寒疫苗是值得考虑的。大城市的私立医院中的医疗很好，很多医生有外国文凭。每次就医的大概花费为1000比索起。

这个国家的水资源补给很糟糕，自来水也无法直接饮用。在大城市中，刷牙可以使用自来水。但是如果消化系统比较敏感的话，最好使用矿泉水。

紧急药箱中应该包含抗腹泻，消毒物品和伤口药膏(小伤口也可以很快发炎)不要用阿司匹林。其中含有的成分不利于治疗登革热。随身携带防晒霜（防晒指数最少30）和防蚊虫叮咬的喷剂。

医院

宿务医生大学医院（ Osmena Blvd, Cebu 03 22 55 55 55 @ www.cduh.com.ph）

圣鲁克医疗中心（Rizal Drive 的32nd St., Bonifacio Global City, Manila 0 29 08 77 00 @ www.stluke.com.ph）

货币汇率

1 人民币 =7.82 比索
1 比索 =0.13 人民币

马卡蒂医疗中心（ Amorsolo St., Manila 0 28 88 89 99 @ www.makatimed.net.ph）

马尼拉医生医院（ 667 United Nations Ave., Ermita, Manila 0 25 58 08 88 @ www.maniladoctors.com.ph）

国内航班

在群岛之间穿梭，坐飞机是不可避免的。菲律宾的国内航班网络非常强大，省会城市和一些其他城市之间都有航班，但是很多岛屿之间没有直航飞机。

因此人们必须经常在马尼拉或宿务市转机。菲律宾国内航班的航空公司主要有公立的菲律宾航空（@ www.phlippineairlines.com），私立的亚洲航空（@ www.airasia.com）及其子公司Cebgo。这些航空公司的定价是非常灵活的，它们会根据需求调整票价。在旅游旺季,主要是指圣诞节到复活节期间，以及中国春节期间，几乎所有的航班都被提前预订完毕。尤其是偏远地区的航线需要预留足够的时间预订，因为这些航线的螺旋桨飞机经常由于糟糕的天气或者技术问题而取消航班。

菲律宾

气候与旅游时间

最好的旅游季节是气候干燥的 12 月至次年 4 月，12 月至次年 2 月温度很少超过 30 摄氏度。3 月起就会变得很热。5 月到 11 月底是湿热的台风季（最高温度达 33 摄氏度），尤其在东部地区，经常出现热带风暴。中央山脉地区大概比平原地区气温低 10 摄氏度。在 @ www.agasa.dost.gov.ph 上可以查到天气预报（英文）和台风警报。

租车

在马尼拉、宿务和达沃的旅游中心以及碧瑶、苏比克湾（奥隆阿波），有众所周知的租车公司（比如 Avis，很少有 Hertz）在取车的时候需要出示国际驾照、护照、信用卡等，您也可以选择租带司机的车（每天大约 2500 比索）

紧急电话

📞 117 📞 旅游警察（马尼拉）: 0 25 24 16 60

公共交通

吉普尼和三轮车很便宜，但不舒服，并且速度缓慢，有时还有扒手。在马尼拉有有轨电车，MRT 和 LRT 列车经常特别拥挤。

邮政

寄往欧洲的信件通常需要 10 天。邮寄明信片需要花费 20 比索。信件需要 45 比索。邮局通常在 8:00—12:00 和 13:00—17:00 开门。

电源

电压 220V。菲律宾使用两脚扁型插头，与中国一致。

出租车

请注意使用计价器（起步价: 40 比索，然后每 300 米加 3.5 比索）。

电话和手机

由于菲律宾固话网络铺设并不好，推荐您携带手机。为节约因接听打入电话而产生的费用，最好在当地购买一张 Globe 或者 Smart 的预付费手机卡（约 500 比索）。菲律宾的电话区号是 63。在菲律宾拨叫中国加拨 0086，从中国拨叫菲律宾加拨 0063。

小费

在饭店结算的时候，哪怕账单里包含 10% 的服务费，也需要另外再给 5%~10% 的小费。出租车司机和宾馆服务员都希望得到这样的小费。

无线网络

在宾馆、饭店、咖啡厅、购物中心、候车厅都会有很多免费的无线网热点（Hotspot）。另外还有很多便宜的网吧（¥ 20~60 比索），这里网速不错，并且很多电脑上预装了 MSN, Skype 和 Yahoo Messenger。

实用信息

时间

菲律宾和中国没有时差。马尼拉和北京处于同一时区,时间相同。

海关

允许携带400支烟,两瓶葡萄酒或者1升的其他酒。携带超过1万美元现金需要申报。禁止携带色情物品入境。珊瑚、贝壳、蛇皮产品、龟甲产品禁止出口。

它们值多少钱

果汁	大约人民币8元 一杯鲜榨果汁(0.375升)
汽油	大约人民币6元 每升
啤酒	大约人民币5.8元 每罐(0.3升)
三轮车	人民币1.6元起 每千米
小食	人民币4元起 每份炒饭或者面汤
首饰	人民币116元起 一条珍珠项链

马尼拉天气

	1月	2月	3月	4月	5月	6月	7月	8月	9月	10月	11月	12月
日间气温(℃)	30	31	33	34	34	33	31	31	31	31	31	30
夜间气温(℃)	21	21	22	23	24	24	24	24	24	23	22	21
☀	6	7	7	9	7	5	4	4	4	5	5	5
☂	2	1	1	4	7	15	22	20	20	11	9	7
〜	26	26	27	28	28	29	29	28	28	28	27	27

教你当地话

常用语

是/否/可能	yes/no/maybe
请/谢谢	please/thank you
对不起！	Sorry!
打扰您一下！	Excuse me!
我是否可以……？	May I ...?
您说什么？	Pardon?
我想……/您有……？	I would like to .../ Have you got ...?
多少钱？	How much is ...?
我喜欢（不喜欢）这个。	I (don't) like this.
好/坏	good/bad
开/关	open/closed
坏/故障	broken/doesn't work
请帮忙一下！/注意！/小心！	Help!/Attention!/ Caution!

问候与分别

早上好！/下午好！	Good morning!/afternoon!
晚上好！/晚安！	Good evening!/night!
你好！/再见！	Hello!/Goodbye!
再见！	Bye!
我叫……	My name is ...
您怎么称呼/你怎么称呼？	What's your name?
我来自……	I'm from ...

日期与时间

周一/周二	Monday/Tuesday
周三/周四	Wednesday/ Thursday
周五/周六	Friday/Saturday
周日/工作日	Sunday/weekday
节日	holiday
今天/明天/昨天	today/tomorrow/yesterday
小时/分钟	hour/minutes
白天/夜晚/周	day/night/week
月/年	month/year
现在几点了？	What time is it?

您说英语吗?
这里有重要的常用词汇和表达方式。

3点整。	It's three o'clock.

交通

左/右	left/right
直行/返回	straight ahead/back
近/远	near/far
入口/车库入口	entrance/garage entrance
出口/车库出口	exit/garage exit
出发/起飞/到达	departure/take off/arrival
我可以拍照吗?	May I take a picture of you?
……在哪里?	Where is …?/ Where are …?
厕所/女/男	toilets (或: restrooms)/ladies/gentlemen
公交车/有轨电车	bus/tram
地铁/出租车	underground/taxi
停车位/停车楼	parking place/car park
城市地图	street map/map
火车站/港口	(train) station/harbour
机场	airport
时刻表/车票	schedule/ticket
火车/轨道	train/track
单程/往返	single/return
我想租……	I would like to rent …
一辆车/自行车	a car/a bicycle
加油站	petrol station
汽油/柴油	petrol/diesel
抛锚/修车厂	breakdown/garage

用餐

可以帮忙预订一张今晚的四人桌吗?	Could you please book a table for tonight for four?
请给我菜单。	The menu, please.
我可以要……吗?	May I have …?
刀/叉/勺	knife/fork/spoon
盐/胡椒粉/糖	salt/pepper/sugar
醋/油	vinegar/oil
牛奶/奶油/柠檬	milk/cream/lemon
加/不加冰/气	with/without ice/gas

菲律宾

素食者/过敏	vegetarian/allergy
结账，谢谢。	May I have the bill, please?
发票/账单	invoice/receipt

购物

在哪里可以找到……?	Where can I find ...?
我想要……	I would like to .../I'm looking for ...
可以将照片刻录成CD吗?	Do you burn photos on CD?
药店/生活用品商店	pharmacy/chemist store
面包店/市场	bakery /market
食物商店	grocery
超市	supermarket
100克/1千克	100 gram/1 kilo
贵/便宜/价格	expensive/cheap/price
多/少	more/less
有机栽植	organic planning

住宿

我预订了一个房间。	I have booked a room.
您还有……吗?	Do you have any ... left?
单人间	single room
双人间	double room
	twin room
早饭/提供部分膳食	breakfast/half-board
包含全部膳食	full-board
淋浴/浴缸	shower/bath
阳台/露天晒台	balcony/terrace
钥匙/房卡	key/room card
行李/箱/包	luggage/suitcase

银行与货币

银行/自助取款机	bank/ATM/cash machine
密码	pin
我要换……	I'd like to change ...
现金/借记卡/信用卡	cash/ATM card/credit card
现金/硬币	note/coin
找零	change

实用信息

电话与网络

我在寻找预充值手机卡。	I'm looking for a prepaid card.
在哪里可以上网?	Where can I find internet access?
需要特定的预拨号码吗?	Do I need a special area code?
电脑/干电池/可充电电池	computer/battery/rechargeable battery
@	at symbol
网络接口/WLAN	internet/connection/Wi-Fi (Wireless LAN)
电子信箱/文件/打印	email/file/print

数字

0	zero	18	eighteen
1	one	19	nineteen
2	two	20	twenty
3	three	21	twenty-one
4	four	30	thirty
5	five	40	fourty
6	six	50	fifty
7	seven	60	sixty
8	eight	70	seventy
9	nine	80	eighty
10	ten	90	ninety
11	eleven	100	(one) hundred
12	twelve	200	two hundred
13	thirteen	1000	(one) thousand
14	fourteen	2000	two thousand
15	fifteen	10000	ten thousand
16	sixteen	1/2	a/one half
17	seventeen	1/4	a/one quarter

索引

Abuno 北拉瑙 74
Albay 阿尔拜省 50
Alona Beach 阿洛纳海滩 62
Angeles 天使城 107
Aninuan Beach 安暖日落沙滩 104
Antipolo 安蒂波洛 121
Apo Island 阿波岛 78
Apo Reef 阿波礁 10
Apo Reef National Park 阿波礁国家公园 57
Apulit Island 爱普利特岛 94
Ati-Atihan Festival 阿提-阿提汗节 120
Baclayon 巴卡容 62
Bacolod City 巴科洛德市 78
Bacuit-Archipel 柏库德群岛 88
Baguio 碧瑶 46
Bais 巴依斯 80
Balicasag Island 巴里卡萨岛 66
Balinsasayao 巴林萨萨瑶湖 82
Banaue 巴拿威 46
Basilan 巴西兰岛 97
Bat Island 蝙蝠岛 92
Batad 巴塔德 92
Batangas 八打雁港 55
Bicol 比科尔 46
Big La Laguna Beach 大拉古纳海滩 59
Bohol 薄荷岛 13
Boracay 长滩岛 17
Bounty Beach 赏金海滩 76
Brooke's Point 布鲁克斯波因特 92
Bulabog Beach 布拉波海滩 68
Busuanga Island 布桑加岛 86
Cagayan de Oro 卡加延德奥罗 97
Calamba 卡兰巴 109
Calamian Group 卡拉棉群岛 86
Calauit Island 卡拉依特岛 88
Camiguin Island 甘米银岛 99
Cantabon Cave 坎塔布洞穴 83
Cebu 宿务 13
Cebu City 宿务市 71
Chocolate Hills 巧克力山 20
Coron 科伦 86
Coron Bay 科伦湾 116
Coron Island 科伦岛 88
Corregidor 科雷希多岛 44
Danao 达瑙岛 82
Dauin 道因 78
Davao 达沃 71
Dimakya 迪玛凯亚岛 86
Doljo Beach 都吼海滩 62
Dolphin Watching 海豚观光之旅 80
Donsol 栋索尔 18
Dumaguete 杜马盖也 78
Dumaloan Beach 杜马路安海滩 62

Eagle Conservation Center 菲律宾鹰类保护中心 101
Echo Valley 回音谷 51
El Nido 爱妮岛 88
Flower Island 花岛 94
Gardens of Malasag 马拉萨格花园生态旅游村 99
Hinagdanan Cave 希纳达南岩洞 63
Honda Bay 宏大湾 92
Ifugao 伊富高 16
Igorot 伊ङ洛特 16
Ilig-Iligan Beach 灵莉甘海滩 68
Iwahig Penal Colony 伊瓦希监狱 92
Iwahig River 伊瓦希河 119
Jeepneys 吉普尼 26
Kalibo 卡利博 120
La Union 拉乌尼翁 116
Lagen Island 拉根岛 90
Laguna de Bay 拉古纳湾 109
Lake Barracuda 梭鱼湖 88
Lake Caliraya 卡利拉亚湖 110
Lake Kayangan 凯央根湖 88
Lake Taal 塔尔湖 18
Lapuz Lapuz Beach 拉普拉普海滩 68
Larena 拉雷纳 69
Legazpi City 黎牙实比城 51
Miguel López de Legazpi 米格尔·洛佩斯·德·黎牙实比 37
Leyte 莱样 12
Libaong Beach 丽宝海滩 65
Loboc 洛博克 63
Los Baños 109
Lucban 卢克班 15
Lumiang Cave 龙眠洞 16
Luzon 吕宋 15
Mactan Island 麦克坦岛 71
Ferdinand Magellan 斐迪南·麦哲伦 10
Mainit-Waterfalls 马尼特瀑布 92
Malapascua Island 马拉帕斯卡岛 71
Maluay 慕莱 82
Mangyan 芒扬 57
Manila 马尼拉 12
Ferdinand Marcos 费迪南德·马科斯 11
Imelda Marcos 伊梅尔达·马科斯 70
Marinduque 马林杜克 121
Masaplod 马萨坡德 78
Matinloc 马丁洛克岛 89
Mindanao 棉兰老岛 10
Mindoro 民都洛 13
Miniloc Island 米尼洛岛 90
Moalboal 墨宝岛 77
Mountain Province 山区省份 11
Mt. Apo 阿波火山 101
Mt. Banahaw 巴纳豪山 121
Mt. Bandila-an 班迪兰山 83
Mt. Makiling 马基林山 109

在此可查询书中涉及的重要地点和景点，后附相关页码。

Mt. Malasimbo 马拉辛博山 121
Mt. Mantalingayan 曼塔林加汉山 92
Mt. Maruyog 马如约山 92
Mt. Mayon 马荣火山 26
Mt. Pinatubo 皮纳图博火山 27
Mt. Pulag 布拉克山 116
Mt. Talipanan 塔里潘安山 57
Negros 内格罗斯岛 13
Olango Island 峨兰哥岛 77
Olongapo 奥隆阿波 108
Pagdanan Bay 帕格达南海湾 93
Pagsanjan 百胜滩 45
Pagsanjan River 百胜滩河 109
Palawan 巴拉望 10
Palawan Butterfly Garden 巴拉望蝴蝶园 93
Pamilacan Island 帕米拉坎岛 66
Panagsama Beach 帕纳格萨姆海滩 77
Panay 班乃岛 67
Pandan Island 班丹岛 92
Panglao Island 邦劳岛 60
Peoples Park in the Sky 空中人民花园 45
Pescador Island Marine Park 波斯卡多岛海洋公园 77
Philippine Tarsier Sanctuary 菲律宾眼镜猴保护区 63
Port Barton 巴顿港 93
Puerto Galera 海豚湾 54
Puerto Princesa 普林塞萨港 84
Puerto Princesa Underground River National Park
普林塞萨港地下河国家公园 95
Punta Ballo White Beach 蓬塔巴洛白沙滩 79
Quezon 奎松 93
Rice terraces 水稻梯田 11
Rodriguez 罗德里格斯 118
Sabang 萨邦 95
Sagada 萨加达 16
Samal Island 萨马尔岛 101
Samar 萨马 10
San Antonio 圣安东尼奥 83
San Fernando 107
San Juan 圣胡安 116
San Pablo 圣巴勃罗 110
Sandugan Beach 珊都甘海滩 112
Sangat 桑安特岛 86
Secret Beach 秘密沙滩 89
Siargao Island 锡亚高岛 116
Sikatuna 锡卡图纳 63
Silay 锡莱 79
Sipalay 锡帕莱 79
Siquijor 锡基霍尔 83
Small La Laguna Beach 小拉古纳海滩 57
Snake Island 蛇岛 92
Subic Bay 苏比克湾 107
Sugar Beach 糖海滩 79
Sulu Sea 苏禄海 18
Sumaging Cave 苏马晶洞 103

Sunset Beach 日落沙滩 87
Taal Volcano 塔尔火山 45
Tabon Caves 塔博洞穴 84
Tagaytay 大雅台 18
Tagaytay Picnic Grove 大雅台野餐小树林 45
Tagbilaran 塔比拉兰 62
Talipanan 塔里潘拉 14
Talipanan Beach 塔里潘拉海滩 14
Talipanan Waterfalls 塔里潘拉瀑布 57
Tam-Awan Village 谭阿万艺术村 49
Tamaraw Falls 塔玛劳瀑布 57
Tapiutan Strait 塔派太尤坦海峡 89
Tarsier 眼镜猴保护区 63
Taytay 泰泰 94
Tontonan Falls 63
Trekking 徒步旅行 9
Tubbataha Reef 图巴塔哈群礁 10
Twin Lagoon 双子湖 87
Twin Lakes National Park 双子湖国家公园 82
Underground River 地下河国家公园 87
Verde Island 弗得岛 59
Vigan 维甘 14
López de Villalobos 洛佩·德·比利亚洛沃斯 10
Visayas 米沙鄢 26

菲律宾

图片来源

封面图片： 巴拉望岛沙海上的度假者（Laif/Le Figaro Magazine）

图　片： Corbis/Terra：Keren Su（P.121）；Getty Images：Maksym Topchii（P.119），L. Ishak（P.56），J. Maentz（P.22/23）；Getty Images/AFP：J. Directo（P.48）；Getty Images/Corbis：T. Bunney（P.28/29）；Getty Images/EyeEm：A. Nuñez（P.117）；Getty Images/LightRocket：J. S. Lander（P.78）；Getty Images/Lonely Planet Images：P. Kennedy（P.54/55）；Getty Images/Moment：J. Seaton Callahan（P.114/115），J. Veloso Flordelis（P.96/97）；Getty Images/National Geographic：Nigge（P.98）；Getty Images/The Image Bank：Dee（P.31）；huber-images：S. Giovanni（P.88），Morandi（P.65，P.84/85）；© iStockphoto：Robert Kohlhuber（P.20 上）；R. Kiedrowski（P.43）；Laif：Freund（P.120/121），P. Hahn（P.81）；Laif/Aurora：J. Langley（P.8/9）；Laif/hemis.fr：B. Gardel（P.53）；Laif/Le Figaro Magazine（P.1 上，P.95），E. Martin（P.36）；Look：P. A. Hoffmann（P.13，P.14，P. 27，P.122 下），F. Waldecker（P.123）；Look/age fotostock（P.6 上，P.20 下，P. 34/35，P.58）；Look/Design Pics（P.102/103）；Look/robertharding（P.3）；mauritius images：Harding（P.17），Vidler（P.120）；mauritius images/Alamy（P.32，P.33，P.62，P.75，P.82），M. Babiera（P.21 上），T. Cockrem（P.73），M. Falzone（P.51，P.93），R. Handley（P.32/33，P.76），S. Reddy（P.30 左），E. R. Tongo（P.20 中），M. Wakem（P.19）；mauritius images/Bildagentur-online/Schickert/Alamy（P.40）；mauritius images/China Span/Alamy：K. Su（P.24）；mauritius images/Design Pics Inc/Alamy（P.16）；mauritius images/imageBROKER：M. Begsteiger（P.66），N. Eisele-Hein（封二左）；mauritius images/imagegallery2/Alamy（P.71）；mauritius images/nobleIMAGES/Alamy（P.39）；mauritius images/Prisma Bildagentur/Alamy（P.112）；mauritius images/Ypps（P.46/47）；H.müller（P.5 上右）；picture allianc/WaterFrame：F. Banfi（P.18）；picture alliance/Arco Images：G. A. Rossi（P.106）；picture alliance/dpa：D. M. Sabangan（P.15）；picture alliance/robertharding：L. Tettoni（P.21 下）；Schapowalow：U. Niehuus（封二右）；Schapowalow/4Corners：B. Pipe（P.68）；vario images/AGF Creative（P.122 上）；vario images/blend（P.10/11）；vario images/Chromorange（P.30 右）；vario images/imageBROKER（P.6 下，P.86，P.90）；vario images/RHPL（P.7，P.60/61）；www.123rf.com.cn（P.101，P.118/119，P.119 右）

本书地图系原版书地图。

在旅行
Traveling

find joy
in the
journey

禁忌事项

不耐烦

去菲律宾旅游，应该调整您焦虑的心态，因为"匆忙"在当地是个陌生词汇。菲律宾人生活慢吞吞，吃饭悠闲，没有任何事情可以打乱他们的生活节奏。因此在买单的时候服务员从来不会急忙地打出价格，除非游客不耐烦地催促。

行为傲慢

对于贫穷的菲律宾人来说，您能给予最多的就只有对他们的尊重。因此在交流过程中请多多思考后再发言。情感的爆发例如高声怒骂会让菲律宾人觉得自己丢面子了。更为糟糕的是，如果傲慢的行为或者不适当的批评损坏了当地人的尊严，他们马上会想到报复。

低估气候

大多数中国人都难以适应热带雨林气候。没有做好防护措施的日光浴带来的不是度假归来的小麦肤色，而是晒伤，而且会非常严重。因此在旅游过程中需做好防晒措施，并且每天饮用足够多的水（每天2~3升）。如果在旅游时另外做些运动的话，非常有可能会汗如雨下。不及时补充水分的话，身体非常容易会脱水。另外在12月份或者4月份会有很多台风登陆菲律宾，请在做行程规划时及时查询菲律宾的天气情况。

轻信所有的东西

菲律宾人非常欢迎游客这点是毫无争议的。然而菲律宾的犯罪率很高，游客很容易成为受害者。在城市中埋藏着不少危险，其中扒窃算是危险程度最低的。在酒吧不要轻易喝陌生人请的饮料，因为在饮料中加迷幻药抢劫外国人是这里常见的手段。不要轻易地相信当地穷人悲惨的故事，从而大量捐款。很多外国人在第一次捐钱后常常会被继续勒索敲诈。诚实的菲律宾人从来不向陌生人乞讨金钱赞助，因为这有违他们的信仰。

轻易地发送短信

因为发送短信很便宜，所以在菲律宾人们会经常收到各种各样的短信，比如游行示威通知或骚扰短信。不要轻易回复这些陌生的短信，不然您的信息会被泄露，终日被他人骚扰。